善行双林

江南市镇慈善的传承与创新

杨义凤◎著

九州出版社
JIUZHOUPRESS

图书在版编目（CIP）数据

善行双林：江南市镇慈善的传承与创新／杨义凤著．
北京：九州出版社，2025.4. -- ISBN 978-7-5225
-3781-8

Ⅰ.D632.1

中国国家版本馆 CIP 数据核字第 2025N9F863 号

善行双林：江南市镇慈善的传承与创新

作　　者	杨义凤　著	
责任编辑	肖润楷	
出版发行	九州出版社	
地　　址	北京市西城区阜外大街甲 35 号（100037）	
发行电话	（010）68992190/3/5/6	
网　　址	www.jiuzhoupress.com	
印　　刷	三河市华东印刷有限公司	
开　　本	710 毫米×1000 毫米　16 开	
印　　张	14.5	
字　　数	147 千字	
版　　次	2025 年 4 月第 1 版	
印　　次	2025 年 4 月第 1 次印刷	
书　　号	ISBN 978-7-5225-3781-8	
定　　价	89.00 元	

序 一

在中国式现代化全面推进的新时代背景下，慈善事业现代化正成为学界和实践领域共同关注的议题。这不仅关乎第三次分配和社会保障体系的完善，更是推进共同富裕和实现社会治理体系现代化的重要内容。具有中国特色的慈善事业在社会主义核心价值观的引领下，正迈向高质量发展的新阶段。介于大城市与乡村之间的城镇慈善，这一传统与现代交织的领域，日益成为讨论中国慈善现代化不可或缺的观察视角。

《善行双林：江南市镇慈善的传承与创新》一书，聚焦于双林的慈善实践，以扎实的史料和丰富的田野调查为基础，展示了江南市镇慈善从传统到现代的发展轨迹。作者深入剖析了江南市镇慈善的特色与挑战，并挖掘其当代价值，为探索新时代城镇慈善的高质量发展提供了有益启示。

江南地区历来是中国慈善事业的发达区域。书中系统梳理了双林市镇慈善的历史，从明清时期的留婴堂、恤嫠局到同善局、崇善堂等综合性慈善组织的兴起，再到民国时期蓉湖书院、商立国民学校、双林图书馆的建设，揭示了市镇慈善从"扶危济困"向"教养并重"的理念变迁以及慈善领域的不断拓展。在向现代化转型的初期，市镇慈善的草根性、嵌入性和地方化管理等特征，对当代城镇慈善的高质量发展也有借鉴价值。

新时代，城镇慈善事业迎来了新的发展机遇。本书在总结历史经验的基础上，深入分析了双林慈善事业的当代实践，包括双林镇慈善分会、南浔区发展促进会等具有官办色彩的慈善组织，以及应善良福利基金会、蔡崇信公益基金会等社会力量的积极参与。同时，作者还关注到以凤凰公益发展中心为代表的新型内生型慈善组织的价值。这些案例展现了城镇慈善在组织化建设、社会化运作和资源整合等方面的积极探索，也凸显了城镇慈善在推动共同富裕战略中的重要作用。

双林镇的慈善实践不仅延续了市镇慈善崇文重教的历史传统，持续关注教育与文化领域的投入，还在"救济式帮扶"与"根源性问题解决"之间探索平衡，推动大慈善理念的逐步落地。为此，双林慈善注重组织化建设，将慈善工作站服务网络延伸至村社百姓家门口，有效提升了慈善服务的可及性与精准性。同时，在地方政府的支持下，双林深度挖掘乡贤和侨贤资源，弘扬善行义举，培育多元化社会组织体系，构建了具有本地特色的慈善文化品牌。

中国慈善事业植根于深厚的传统文化之中，特别是城镇慈善的高质量发展应统筹兼顾现代化特征与传统优势，在继承地方特色和慈善伦理的同时，充分拥抱现代化的管理模式和治理机制，包括优化治理结构、提升资源整合能力，以及促进社会参与的多元化，最终实现城镇慈善的包容性与可持续发展。

《善行双林：江南市镇慈善的传承与创新》一书，是一部学术研究与实践经验并重的著作。其贡献在于既为江南市镇慈善的现代化研究奠定了基础，也为当下城镇慈善现代化的推进探索了可操作的路径。无论是学术研究者还是慈善实践者，都能从中获得启发。双林镇的经验不仅彰显了江南市镇慈善独特价值，也为更广泛的城镇慈善发展提供了重要参照。

然而，正如作者指出的，城镇慈善现代化之路仍面临诸多挑战。一方面，如何在尊重传统慈善文化的基础上，挖掘其内在价值，并将其优势有效融入现代慈善治理框架，仍需要进一步探索，这也是中国特色慈善事业发展的应有之道；另一方面，传统与现代的张力在城镇慈善领域表现得尤为突出，如何在推动组织化、专业化发展的同时保留地方特色、避免文化"同质化"，是城镇慈善高质量发展亟待破解的问题。总之，对市镇慈善在新时代慈善实践中的传承与创新潜力，仍有较大拓展空间，值得更多的关注与研究。

邓国胜

清华大学 21 世纪发展研究院院长、教授

2024 年 11 月 26 日

序 二

千呼万唤始出来。

从最初的一个想法到落地出版，一年多来，《善行双林：江南市镇慈善的传承与创新》这本书终于要与大家见面了，其间我们与杨义凤教授、蔡崇信公益基金会不断打磨，把双林"崇文重教、崇义向善"的内涵挖掘出来，并结合市镇特色，发掘慈善文化的新内涵，为慈善事业特别是市镇慈善提供创新发展的动力源泉。

说起双林，就不得不谈一谈双林的历史人文与经济发展脉络。双林镇是江南水乡古镇之一，位于杭嘉湖平原腹地，于明永乐三年建镇，至今已有600余年的历史，先后孕育了绫绢、古桥、书画、戏曲、盆景等多种文化。双林亦是文化名人辈出，仅元、明、清三代，就出了3名状元，23名进士，近现代更有梁希、徐恩曾、丁是娥、费新我等名人贤士。

文化之外，这里民营经济也甚是发达，历史上经历了多个发展阶段，每个阶段都有其独特的经济特点。宋元时期双林已经是一个重要的商业集散地，镇内商贾聚集，逐渐成为丝绸生产和集散中心；元代时，双林镇的丝绸贸易尤为繁荣，生丝贸易仅次于绫绢业，吸引了大量商人前来交易；明清时期，双林镇的经济进一步发展，成为江南五大镇之一，是江南丝织业生产和集散中心。此外，双林镇在明清时期还出现了许多园林，反映了其经济繁荣和文化兴盛；民国时期，双林镇依然保持着其经济地位；到了现代，双林依然有着较强的经济实力和商业活力，主要以特种合金材料、智能装备制造两大主导产业为核心，有规模以上工业企业98家，其中产值超亿元企业30家，上市公司1家。

经济的发展带来的是慈善氛围的浓厚，双林的精英商贾在慈善事业上更是不遗余力，从教育、养老、育婴、施棺、施粥等方面进行了大量的捐赠和资助。到了近现代，双林慈善事业开始转型，以士绅与富商为主体的双林有识之士开始了新的探索，注意力从养济型慈善模式向授人以渔的教养结合型慈善模式转向，通过教育、培训、就业等服务来帮助人们提高自身的能力和素质，以实现社会的发展和进步。双林慈善事业不仅救助贫困弱势群体，而且开始关注发展社会公益事业，改良社会环境。近年来，双林镇的慈善事业得到了进一步发展，阿里巴巴联合创始人、董事局主席蔡崇信先生祖籍双林镇，他发起并捐资成立了蔡崇信公益基金会，致力于传播"以体树人"的理念，助力年轻一代身心健康和全面发展。双林的慈善活动不仅改善了双林镇的基础设施和教育条件，还激发了居民的公益热情，促进了社会的和谐与发展。

慈善是一项全民事业，需要与时代发展同频共振，需要各类社会主体热情参与。本书的目的是希望双林镇的一些慈善做法、经验可以给更多地区带来启发，持续把慈善事业摆在重要的议事议程，立于未来、再接再厉。同时，也期待有更多的社会力量可以挖掘慈善传统有待发掘的宝藏，探索并弘扬中国传统慈善与慈善文化传承的核心价值观。

中共湖州市南浔区双林镇委员会
湖州市南浔区双林镇人民政府

前　言

一、江南"市镇"慈善研究的意义

慈善事业的发展是现代社会文明进步的重要标志。习近平总书记在党的二十大报告中指出:"引导、支持有意愿有能力的企业、社会组织和个人积极参与公益慈善事业。"① 作为社会保障体系的有机组成、第三次分配的主要形式、社会治理体系的重要内容以及社会主义核心价值观的重要体现,在全面建设社会主义现代化国家的新征程中,我国现代慈善事业取得了长足进步。"十四五"规划将慈善事业纳入国家社会治理体系,并提出"推动社会治理和服务重心下移、资源下沉"的命题,慈善事业向基层纵深发展已成为趋势,多地完善了"区

---

① 习近平.高举中国特色社会主义伟大旗帜　为全面建设社会主义现代化国家而团结奋斗:在中国共产党第二十次全国代表大会上的报告[EB/OL].中国政府网,2022-10-25.

（县）—乡（镇）—村（居）"三级慈善组织网络，全面推进乡镇社工站和志愿服务体系，探索"五社联动"的运作机制，推出"慈善+党建""慈善+金融""慈善+教育""慈善+救助"等多样化实践。然而，乡镇慈善"杂而不活，小而不强"的问题仍然较为突出。特别是慈善资源发展不平衡，慈善向下、扎根社区的能力较弱，社会氛围不够浓厚等问题，严重影响到乡镇慈善事业的协同性和整体效果。如何重构乡镇慈善体系、激活乡镇慈善活力、夯实现代慈善事业发展的基础，是现代慈善事业高质量发展不得不面对的问题。

以现代慈善事业推动共同富裕，需要大量立足于乡镇、社区的慈善活动。相比近年来以专业化的慈善组织为载体发展起来的城市慈善事业，乡镇慈善在基层组织能力、慈善组织发展等方面仍然与城市有着较大差距，尚无法复刻城市社区慈善的组织化发展模式。① 况且，慈善本身蕴含着"爱"与"慷慨"的观念，不论是通过专业化慈善组织还是直接帮助有需要者，一切助人行为都可称之为善行。植根于乡土慈善文化底蕴，乡镇慈善展现出了相比于专业化、组织化的慈善更加多元的慈善实践。一些乡镇以血缘、地缘为情感纽带，依托家族、宗族、民间信仰团体等传统组织，以传统救助和互助的理念开展慈善救济活动。一些乡镇打造特色乡贤馆，成立"爱心慈善基金

---

① 李放，马洪旭，沈苏燕. 制度嵌入、组织化与农村社区慈善的价值共创：基于山东省 W 村的田野调查［J］. 农业经济问题，2023（8）：86-98.

会""功德爱心协会"等组织，充分利用"反哺桑梓""造福桑梓"的感恩情怀发展乡贤慈善，同时让本地居民充分了解乡贤美德和善行义举，以道德力量教化乡民，在潜移默化中提升慈善参与的意愿。一些乡镇慈善分会设立了"村募村用，自募自用"的村级慈善基金管理原则，虽然带有明显的地域色彩，但也充分发挥了亲缘、人缘、地缘的资源动员优势，打造"人人可慈善"的氛围。

如何总结和提炼这些具有传统色彩的乡镇慈善活动？学界主流观点认为，要推进中国特色现代慈善，应当系统梳理和深入挖掘传统慈善思想精华。在中国慈善事业的演进过程中，存在传统慈善、近代慈善、现代慈善三种类型，经历了近代与当代两次历史转型。但现代化不是简单的线性替代，传统慈善既承载着最朴素的人性之爱，又深植于利他主义的文化传统，具有极强的生命力。即便是在组织化、现代化慈善极为发达的西方，受宗教和自治传统的影响，兴盛的宗教慈善和活跃的非法人社团也依然发达。① 具体到我国的慈善事业，尽管在现代化的整体进程中，出现了全新的事物与观念，但仍保存着这部分传统习惯。一份有关中国公众捐赠习惯的研究也表明，驱动捐款的主要原因还是传统的互助和救助理念，捐款者倾向于直接捐助给受助人而非专业慈善组织，对慈善组织的认可和信任度

---

① 韩俊魁. 中国慈善文化自觉［J］. 文化纵横, 2021（6）：128-138, 159.

仍然较低。①

中国慈善植根于中华传统文化，只有尊重伦理道德与文化传统，才能产生社会共鸣，达成社会共识，进而促使慈善事业成为大众参与的社会事业。否则，一味强调组织化、专业化的资助非特定受益人的欧美式慈善传统，在实践中往往会陷入水土不服的境地。传统慈善是现代慈善的根基所在，乡镇慈善又是传统慈善色彩最浓厚的地区，因此，在乡镇慈善的范畴内讨论慈善事业的传统与传承无疑具有重要现实指导意义。

历史上，随着市镇经济的兴起与发展，慈善活动的重心由传统的城市中心逐渐向市镇层级转移。市镇慈善的繁荣，不仅丰富了传统慈善的形式与内容，如有些市镇设立育婴堂、同善堂、施药局、恤嫠会、掩埋局等机构，还通过制度创新、资源整合等方式，为慈善事业注入了新的活力与动能。这一时期的慈善实践为慈善事业向近现代转型积累了宝贵的经验资源和有益借鉴。

中国慈善事业的发展是一个复杂且多维的过程，它既是传统文化与现代社会的对话与融合，也是历史经验与现实需求的交汇与碰撞。在乡镇慈善的语境下，深入探讨慈善事业的传统与传承，不仅有助于我们更好地理解慈善事业的本质与功能，还能为构建符合时代要求的慈善体系提供有力的理论支撑与实

---

① 北京大学中国公众捐赠研究项目组．中国公众捐赠调研（精简版）［EB/OL］．北京大学国家发展研究院，2021-02-04.

践指导。从上述立足点出发，本书以双林镇为例，以江南"市镇"慈善传统的传承与创新为主题，在历史与现实的交融中，挖掘和梳理传统慈善文化的精髓及其当代价值，为慈善事业特别是乡镇慈善提供创新发展的动力源泉。

二、本书的研究目标与特色

"江南市镇慈善"是一个有地域特指和时代特色的概念，主要指明清时期伴随江南市镇的勃兴而发展起来的慈善事业。得益于商品经济的发展，广阔的江南水乡涌现出数以千计的市镇，星罗棋布，成为明清时期的社会一景。经济的发展伴随着人口的集中，打破了以往传统慈善集中在通都大邑的格局，在远离政治中心的、非建制的市镇，各类慈善机构逐步发展起来。鸦片战争以后中国社会开启了由传统向现代的艰难转型，这不仅体现在政治、经济、社会结构等多方面，也体现在江南市镇慈善领域，表现为慈善理念日益多元化、慈善资金筹集方式的多样化，以及慈善组织化程度的提升。

在近现代中国社会的转型过程中，江南市镇慈善组织扮演着重要的角色。这些慈善组织不仅在传统意义上为弱势群体提供救助，还在社会变迁中展现了其独特的运作方式和社会影响。以双林镇为例，通过深入研究江南市镇慈善的运作实况，我们可以更好地了解中国慈善事业的变迁历程，并探究其在当代的传承与创新。

本书具有以下三方面的目标与特色：

第一，试图打破传统慈善与现代慈善的壁垒，充实慈善的话语体系。中华人民共和国成立之初，慈善事业一度停滞，直到改革开放之后，慈善事业才得以正名。新发展起来的现代慈善事业与传统慈善活动有着较大差异，既有研究当代慈善事业的学者往往不轻谈传统慈善思想与实践，而现有关于慈善传统的研究又缺少现实关照，致使中国慈善事业的近现代、当代转型研究一直存在割裂。本书以文化为纽带，探寻扎根于中国传统文化土壤的慈善理念在扬弃式发展历程中的传承与创新，为慈善事业提供丰厚的精神滋养。事实上，慈善的现代与传统之间并不是简单互斥或线性晋级关系，特别是在乡镇慈善实践中，慈善既可以是职业人员从事的常规性、专业性活动，也可以是大众偶尔为之的志愿行为；既离不开自发的慈善热情，也需要政府自上而下的动员与引导。当代乡镇慈善事业在传承传统慈善精神的同时，也注入了新的元素。其一方面继承了前人乐善好施、扶危济困的优良传统，另一方面也注重创新和发展，以适应时代的需求。

第二，破解"小慈善"与"大慈善"的对立，促进慈善格局更趋多元、丰富。在近代转型中，许多大慈善家既有传统功名，又经营近代工商业，还积极参与诸多社会活动。他们凭借坚实的经济基础和先进的慈善公益理念，担负起了慈善救济与社会公益事业的重任。近代以来，慈善理念从"重养轻教"

转向"教养并重",实践主体与关怀范围由社会精英对弱势群体的救助转变为普通民众对广泛社会问题的回应,体现了小慈善与大慈善的融合发展,也说明过去普遍认为中国公益概念舶自近代日本的观点是有局限的。中国本土的、具有涉足"地方公共事务"意涵的公益概念,可为我们今天"大慈善"格局的构建以及慈善参与基层治理提供借鉴。我们应当充分挖掘和利用本土慈善资源,推动慈善事业的多元化发展。

第三,为"全民慈善"寻找动力源泉。慈善不仅仅是慈善家和慈善组织的慈善行为,更是一项全民的事业。与以往研究不同,本书在关注精英慈善和组织化慈善的同时,注重描绘全民慈善的施善画面,挖掘多样化的民间慈善行为,以期激发全民慈善意识,构建良好慈善氛围。乡镇慈善在捐赠者与受助者之间建立起了紧密的联系,捐赠者通过捐赠行为表达了对社区的关爱和支持,受助者则感受到来自社会的温暖和力量。为了更好地促进社区文化认同和凝聚力,一些乡镇慈善积极挖掘和传承传统文化中的慈善元素,如乡贤文化、家族慈善等,不仅丰富了乡镇慈善的内涵和形式,也提高了其影响力和效果。立足于乡镇慈善的实践,在对中华优秀传统文化的传承和弘扬中,探寻全民慈善的遗传基因和文化密码是本书的另一特色。

三、资料收集与研究方法

本书坚持以经验研究为主、规范分析为辅的研究方法,重点运用文献法、案例法、深度访谈与座谈等方法掌握一手和二手资料，以满足研究需要。

文献法。系统收集、整理近现代慈善事业转型、慈善史与慈善传统、慈善文化等相关研究成果，解释近现代转型过程中慈善组织的运作，反映中国慈善制度的变迁历程。

案例研究法。案例研究法一般用于探索性研究，回答"怎么样"和"为什么"的问题，在案例选取的标准上，往往遵循"目的性"原则，即按照研究目的抽取能够为研究问题提供最大信息量的研究对象。湖州南浔双林作为典型的江南市镇，慈善文化源远流长；伴随经济重心南移，双林作为繁荣的富庶之地，慈善设施种类繁多，民间慈善活动兴盛。在慈善近现代转型中，江南慈善文化传统通过融通与传承实现了时代更新，催生了晚清义赈，以及慈善事业的首次转型与变迁。伴随现代慈善体系的建立，在慈善事业的当代转型过程中，湖州市也一直走在全国前列，较早建立了完备的慈善组织体系，并且成立了"大东吴慈善文化研究院"，推出慈善文化实践基地，以慈善文化滋养慈善事业，与本书的研究主题十分契合。

访谈与座谈。对案例研究而言，能否获取一手资料至关重要。本书获取一手资料的方法主要是深度访谈与座谈法。具体而言，一是探访当地的慈善名人以及慈善机构，访谈相关人士，获取慈善活动的一手资料；二是与市、区两级民政系统、慈善系统工作人员进行座谈，了解基层慈善网络建设的基本情况，特别是慈善文化实践基地的建设情况；三是深入社区，探索社区慈善的发展并梳理、发掘当地慈善文化以及慈善行为的特点。

目　录
CONTENTS

第一章

我国传统慈善文化以及慈善事业

　　慈善事业的发展要植根于中华慈善文化沃土。中华传统文化中儒家的仁爱思想、道家的"赏善罚恶""善恶报应",墨家的"兼爱""爱无差等",佛家的"慈悲为怀""普度众生"等观念,特别是以仁为核心的儒家思想体系,构建了民本思想、大同社会等系统化价值理论体系,塑造了历代圣人先贤"修身、齐家、治国、平天下"的家国情怀。中国最早的慈善文化深深植根于儒家思想和佛教精神之中,通过政府的推动和民间自发的慈善行动,形成了独特的慈善传统和理念,并在不同时期展现出明显的时代特征。

第一节 儒家的"仁爱"思想以及官办慈善的长期主导

一、官办慈善的思想基础与秩序追求

儒家思想作为中国传统文化的重要组成部分，其强调的仁爱、民本等理念为官办慈善提供了深厚的思想基础。"仁"是儒家思想的核心，儒家提倡"仁者爱人"和"爱人如己"，要求人们关爱他人、帮助弱者。"民本"思想的核心是"民为重，社稷次之，君为轻"，其认为民众是国家的根本，因此，政府应该关注民众的生活需求，为民众提供必要的帮助和支持。仁爱精神、民本精神在官办慈善中得到了充分体现，政府通过设立慈善机构、制定慈善政策等方式，实施"仁政"，为弱势群体提供帮助和支持，体现了对民众的关爱和责任感。历史上的常平仓、养济院、漏泽园、义冢、惠民药局等慈善机构，都是典型的官办慈善案例。

官办慈善在一定程度上推动了民众对儒家理念的认同，增强了国家统治的合法性，有助于实现儒家的大同理想和对社会秩序的追求。只有贫苦民众生活安稳，社会秩序自然和谐，才有望实现儒家大一统政治秩序和大同世界。儒家伦理对品德高度重视，受此影响，官办慈善对受助人有明确的道德要求，即"凡因违背人伦秩序而致贫病潦倒者，盖不纳入救助范围"①。

此外，官办慈善长期占主导地位，也有防范民间结社谋乱、危及统治秩序方面的考量。《孔子家语》有云，"汝以民为饿也？何不白于君，发仓廪以赈之，而私以尔食馈之，是汝明君之无惠，而见己之德美"②。意思是说，发现饥荒之后如果不是向国君报告，打开国家的粮仓来救济，而是私自拿食物去救济他们，这样做无非是在显示国君没有恩惠，而突出自己的美德。唐玄宗开元五年（717），宋璟上书皇帝要求取消寺院主办的悲田养病坊，理由也是如此："国家矜孤恤穷，敬老养病，至于安庇，各有司存。今骤聚无名之人，著收利之便，实恐通逃为薮，隐没成奸。"③武宗上台以后，开始"毁佛寺勒僧尼还俗"，将"悲田养病坊"中象征佛教的"悲田"二字抹去，更名为"养病坊"，管理人员由朝廷负责推选，经费由朝廷酌情拨付，这意味着唐代皇权从佛寺中"夺取"了济贫责任，由寺院主办的养病坊已经正式转变为官办慈善。

---

① 周秋光．内涵与外延：慈善概念再思考——兼与王卫平先生商榷［N］．光明日报，2019-12-16（14）

② 劝学网．孔子家语第八章致思［EB/OL］．https：//www．quanxue．cn/ct_rujia/kongzijy/kongzijy08．html．

③ 中华典藏网．《唐会要》卷四十九《病坊》［EB/OL］．http：//www．zhong-huadiancang．com/xueshuzaji/tanghuiyao/17394．html．

二、官办慈善在不同朝代的表现

中国最早的官办慈善可以追溯到西周时期，《周礼》作为儒家经典，在其"地官司徒"中，详细描述了"司徒"这一职位的职责："以保息六养万民：一曰慈幼，二曰养老，三曰振（赈）穷，四曰恤贫，五曰宽疾，六曰安富。"① 这些措施涵盖了关爱儿童、老有所养、救济穷困、抚恤贫苦、优待残疾等多方面，体现了最早的官办慈善对民众生活的全面关注和保障。

自汉"罢黜百家，独尊儒术"，儒家的仁爱、仁政思想成为统治者的重要思想指导，历代朝廷都将对弱势群体的救助视为应尽的职责，惠政善举通常被看作赢得民心的重要手段。初设于春秋战国的仓廪制度，已经开始承担灾荒救济等相关工作。② 我国历史上第一个"义仓"便出现于汉代，据《汉书》记载，汉武帝元狩六年，因为天下大旱，民不聊生，汉武帝下令"郡国各置公廪，以救贫乏"③。义仓的设立对于缓解社会危机、保障民生有着重要作用，体现了儒家的仁政思想，也是我国历史上第一个"官办慈善"的案例。

宋代是官办慈善事业大发展时期。台湾学者王德毅曾有一

---

① 周礼：地官司徒·大司徒［M/OL］. 古诗文网.
② 作为一套粮食储备与分配制度，仓廪更重要的任务是给官吏和军队供应粮食。
③ 史记·八书·平准书［M/OL］. 古诗文网.

则评价："其关于养老慈幼之政，自两汉以下再没有比宋代规模之更宏远、计划之更周密、设施之更详尽的了。"① 在宋代，先后出现了收养乞丐、残疾者和孤寡老人的福田院、居养院，施医给药的安济坊和惠民药局，负责灾荒救济的广惠仓、常平仓和义仓，负责抚养婴孩的举子仓、慈幼庄等慈善设施。由于朝廷大力推动，官办慈善机构得到快速发展，遍布全国，形成了"京有四福田，外郡有居养、安济院"的格局，甚至官办慈善机构在地方小县城中也可以见到。②

宋代不仅由朝廷直接建立大量的慈善机构，机构经费也主要由朝廷提供，并建立一套运行管理制度，推动慈善事业发展的制度化。在宏观规划方面，北宋朝廷颁布了《鳏寡乞丐条例》和《乞丐法》以解决乞丐问题。宋哲宗元年（1086）颁布元符居养令，规定了国家有义务向无家可归的鳏寡孤独者提供全国规模的救济，并且出台了相对具体的救济标准、财务监督管理制度、人员分工安排等相关规则③，这为慈善组织发展提供了保证，同时使慈善组织大量地涌现。

官办慈善在元代一度衰落，进入明清以后，随着社会经济逐步恢复和统治者的重视，慈善事业又得到了新发展。明代以

① 王卫平. 唐宋时期慈善事业概说 [J]. 史学月刊, 2000 (3): 95-102.
② 赵海林. 宋代慈善组织的组织运作 [J]. 电子科技大学学报（社科版）, 2012, 14 (6): 23-27.
③ 赵海林. 宋代慈善组织的组织运作 [J]. 电子科技大学学报（社科版）, 2012, 14 (6): 23-27.

降，尤其是清乾隆以前，官办慈善以养济院最为普及。养济院最初设立于宋朝，但其规模化发展则是在明代。明洪武年间，"民之孤独残病不能生者，许入院"，为保证政令有效推行，"凡鳏寡孤独及笃疾之人，贫穷无亲依靠，不能自存，所在官司应收养而不收养者，杖六十。若应给衣粮而官吏克减者，以监守自盗论"①。在朝廷的大力推动下，养济院实现建制化、规模化发展，一般一州一县一所，个别财力宽裕的州县，则有两所，并对设局选址、人员安置、收养期限以及每日供养、经理人的选定都有具体规定。与前朝相比，明代养济院的显著特点有二。一是为了维护社会稳定，实现社会控制，养济院贯彻以里甲制为基础的"原籍地收养政策"②。二是十分重视教化工作，即"教养并重"。吕坤的《实政录》记载："查出六十以上无妻子兄弟，十二以下无父母兄弟者，径收养济院。其五十以下十三以上尽量数收入寺庙教习生艺。"③

清代养济院建立之初，奉行明代的原籍收养政策，但后期由于人口激增和人口的社会流动增加，逐步允许外来孤老流丐收入流入地养济院，甚至专门为外来流民和乞丐建立"栖流所"以提升救济能力。但嘉庆、道光时期，战乱不断，社会矛

① 柏桦．明清"收养孤老"律例与社会稳定 [J]．西南大学学报（社会科学版），2008（6）：63-69．
② [日] 夫马进．中国善会善堂史研究 [M]．伍跃，杨文信，张学锋，译．北京：商务印书馆，2005：47．
③ 吕公实政录：民务：卷二 [M/OL]．中华典藏网．

盾日益加深，朝廷财政不断恶化，腐败和低效率等因素最终造成了养济院等官办慈善机构的衰落。① 与此同时，一些以乡绅、商人为主体的民间慈善活动日益频繁，在弱势群体救助方面发挥更为积极的作用。

第二节 宗族慈善与宗教慈善

除官办慈善外，我国传统慈善中还有两种主要的慈善类型：一是以家族、姓氏或血缘为基础的宗族慈善；二是以寺院为基础的宗教慈善。两种慈善形式或以族产、族田为基础，或以庙产为基础，通过开办义庄、义塾等形式开展各种慈善活动，养老恤孤、扶贫济困。这些慈善传统以及慈善理念至今仍是慈善事业发展的动力之源，甚至影响着今天的慈善行为与习惯。

一、差序格局与宗族慈善

宗族是以血缘为基础、以父权为核心形成的一套宗法体系，是我国传统社会维系社会秩序、实现社会控制的主要手段。中国历史上的宗族有着明显的阶段性特点。唐代以前，宗

---

① 李翠. 古代养济院及其演变 [N]. 光明日报，2013-08-19（15）.

族主要包括王室宗族、世袭贵族、门阀士族等传统宗族，唐代以后，科举制度的实行打破了士族门阀对官场的垄断，寒庶子弟得以纳入氏族，至宋元明清，宗族日益民众化，以官僚绅士、地主和商人为主体。①

宗族慈善是我国历史上最早的慈善形式，官僚士大夫一方面通过提倡孝悌伦常，加强对族人的思想控制；另一方面设置族田、义庄，保障和改善宗族成员的生存。宗族慈善是伴随宗族的聚集而出现的，在先秦时就有，到宋代以范氏义庄的出现迅速达到高峰，直至近代，社会慈善的兴起突破了宗族慈善的血缘宗亲局限，逐步从熟人社区走向陌生人社区，宗族慈善的影响力才日渐式微。②

费孝通指出，中国乡土社会的基本单元是"小家族"，在"家国一体"观念的形成过程中，一种亲疏远近的"差序格局"逐步显现，它既可以体现为尊卑贵贱的"序"，也可以体现为亲疏远近的"差"。此种由亲亲尊尊而确立的等级秩序，是宗族慈善的基础，也深刻影响着中国慈善事业的发展。一方面，宗族慈善以"亲亲"为大，是在"入则孝、出则悌"的人伦道德中逐步形成爱民守礼的善念与品质，因此，慈善活动往往是泽被乡里，把对亲戚、族群的照顾放在首要位置。以我

---

① 徐凯强，赵雪娇，李娜. 历史视角下的"差序格局"：重审等级制与自我主义的合理性 [J]. 社会科学前沿，2021（5）：1180.
② 周秋光. 中华慈善的传承与转型发展 [J]. 大社会，2016（7）：66-71.

国历史上的典型宗族慈善——范氏义庄为例，每年"所得租米，自远祖而下。诸房宗族，计其口数供给衣食及婚嫁丧娶之用"①。类似地，一些对海外华侨华人慈善的研究也指出，其捐赠"首先指向捐赠者的宗族和家乡"②，"回馈桑梓""寻根故里"是华侨华人慈善活动的重要特征。另一方面，以差序格局为基础的宗族慈善由近及远层层推进，从亲亲推及仁民，所谓"人不独亲其亲，不独子其子，使老有所终，壮有所用，幼有所长，矜寡孤独废疾者皆有所养"，是"泛爱众""爱华夏"，是"老吾老以及人之老，幼吾幼以及人之幼"以及"四海之内皆兄弟也"，这又让宗族慈善得以不断向外拓展，突破血缘、民族、地域的限制而展现出强大的生命力。

差序格局与宗族慈善培养了中华民族慈悲为怀、济人危难的优秀道德品质，进而形成乐善好施的风俗习惯和乐于助人的奉献精神，为后世慈善事业的发展提供精神动力和思想源泉。当然，宗族慈善也有其局限性，主要体现在蕴含其中的道德评核观念和伦理等第观念。道德评核观念要求受助者不能有道德瑕疵，"不孝不悌、酗酒无赖、游手好闲者，皆不滥助"；受济者"一饭之恩必有偿""滴水之恩当涌泉相报"，否则便是忘恩负义的小人。"劝善"观固然有其必要性，但将慈善道德化

---

① 得一录：卷一：范氏义庄规条 [M/OL]. 中华典藏网.
② [美] 孔飞力. 他者中的华人 [M]. 李明欢，译. 南京：江苏人民出版社，2016：279.

的做法是错误的。伦理等第观念缺乏对受助者权利和人格的尊
重，施善者与受善者之间很难建立平等的关系。① 宗族慈善的
主要目的之一是维护儒家伦理和等第秩序，并且试图透过组织
亲属族人，增加家族成员光宗耀祖的机会，建立能够维持久远
的宗族。

二、普度众生与宗教慈善

举凡宗教，都有扶危济困、乐善好施的理念与传统，无论
是从历史还是现实来看，被誉为"三大神学美德之一"的慈善
都与宗教有着密切的联系。慈善作为桥梁，将宗教思想与大众
生活紧密联系起来，这是宗教融入社会的重要途径，也是宗教
的生命力所在。在中国传统上，佛教的慈悲观念、道教的劝善
思想一直是慈善事业发展的思想基础。② 一方面是组织化的慈
善活动，例如，寺院主导的扶贫救灾、施医给药、兴办义学、
开设义庄、修桥铺路、劝善修德等慈善活动涉及领域十分广
泛，有着强大的社会影响力。另一方面是宗教慈善思想将"行
善事、得好报"的广义功利目的投入慈善事业中，对传统慈善
事业的发展起到重要推动作用，直到今天，"积德行善"的观
念仍然深入人心。

---

① 王卫平. 救济与劝善："慈善"本义的历史考察 [N]. 光明日报, 2019-05-
06 (14).
② 杨团, 葛道顺. 中国慈善发展报告 [M]. 北京：社会科学文献出版社,
2009：28.

据考证，历史上运作最成功、影响最广的佛教慈善机构，是唐代的"悲田养病坊"，它是传统社会佛教社会救助功能成熟的标志。佛教自两汉时期传入我国，在唐代因得到政权支持而达到鼎盛。佛教有"五福田"一说，悲田即是其中一田，主要用来收容贫穷老人、病人、残疾人以及孤儿。在隋朝，就已经有僧人尝试设立慈善基金，投身社会救助事业。唐代早期，亦有许多寺庙依靠香火钱和田产收入为百姓提供救助，设置了"六疾馆""孤独园"等慈善机构，这便是悲田院的前身。只是这一时期，佛寺的慈善行为完全由寺院主领，与朝廷无涉。武周末期，寺院中病坊数量增多，朝廷看到其在社会救助方面的功能，十分重视，并于长安年间设置悲田使，管理其事务，将其纳入国家救济措施之列并确立了"寺理官督"的管理体制。①

悲田养病坊之所以影响深远，在中国慈善事业中有着里程碑式的地位，并不仅仅在于其规模化倾向，还在于其慈善理念和管理体制为后世所沿袭。此后，五代置"悲田院""养病院"，宋代置"福田院""安济坊"，金代置"普济院"，元明置"惠民药局"，清置"养济院"，民国时期置"救济院"等，慈善机构名类繁多。这些慈善机构虽多为官府所设，然都仿效

---

① 张志云．唐代悲田养病坊初探［J］．青海社会科学，2005（2）：106-108．

了唐代悲田养病坊的管理体制①，建立了政府与寺院乃至民间社会的有效合作关系，为传统社会的弱势群体——贫穷者、疾病者、孤寡者等提供了实际的帮助和关怀。

相对于儒家伦理的差序格局，宗教慈善更注重"普度众生"，僧人不会太在意血缘羁绊，"无缘大慈，同体大悲"使众生皆平等，体现了一种超越世俗的普遍爱心和同情心。② 加之宗教慈善宣扬善恶报应，强调做善事不仅在现世可消灾得福，到来世亦有好归宿，其劝善之道有助于慈善活动从自发型、临时型行为转变为自觉型、长期型行为，对慈善事业的稳定和发展起到积极作用。

第三节　民办慈善的兴起与慈善多元化发展

一、民办慈善的合法性基础

中国是一个有着悠久慈善传统的国家，儒家的仁爱思想，佛教、道教的劝善思想，是民间社会慈善活动的思想基础。只

---

① 龚万达，刘祖云. 当代中国宗教慈善事业发展：历史与现实的审视 [J]. 甘肃社会科学，2013（5）：236-239，248.
② 刘绥媛. 中国传统慈善观与当代社会慈善事业的发展 [D]. 西宁：青海师范大学，2012.

是在传统中国，官办慈善长期占主导地位并对民间慈善活动有所顾忌，这抑制了民间慈善活动的组织化、规模化。然而，官办慈善需要强大的政府支持作为支撑，中国历史上内忧外患，积贫积弱时有发生，慈善经费、人力投入均难以保证，这时候，官办慈善也会借助民间的力量开展慈善事业，如南宋时期的社仓制度以及连带的举子仓在很大程度上依靠地方的资源维持。官办慈善已经有明显的民办色彩。事实上，为了节约经费和人员开支，在官办慈善明显主导的北宋，朝廷也并不包揽所有事务，特别是一些具体管理工作。例如，安济坊沿袭唐代悲田坊旧制，由僧人主持，主要负责庶务性工作，包括收养病患，登录造册、煎汤煮药、照料病人等。① 在明清之前，以捐谷赈灾、修路建桥为主的民间慈善活动并不少见。

民办慈善最开始是作为官办慈善的补充而存在的。据史学界考证，真正能够体现民间社会力量的非宗教性、非家族性、非政府性的慈善组织——最接近现代社会组织性质的组织类型，最初出现于明末清初的江南地区，包括同善会、育婴堂、普育堂、放生会、掩骼会、恤嫠会、清节堂、惜字堂等不一而足。②

同善会是最早的民间慈善组织。明万历十八年（1590），

---

① 宋炯．两宋居养制度的发展：宋代官办慈善事业初探 [J]．中国史研究，2000（4）：73-82．

② [日] 夫马进．中国善会善堂史研究 [M]．伍跃，杨文信，张学锋，译．北京：商务印书馆，2005：47．

杨东明在河南虞城创立第一个同善会组织，而后此类组织开始在江南地区流行起来。同善会大都由地方士绅举办，经费主要依赖会员捐献，每次捐献的金额，根据嘉善同善会的记录，介于银两九分至九钱不等。① 后来随着申请救助者数量的增多，同善会所筹善款入不敷出，于是开始置办田地等不动产，以土地租金来维持运营。同善会创设"会讲制"作为其运营管理方式，一般每个季度组织一次会讲，会讲的组织者被称为主会，每次的主会之人由会员推出。会讲的目的主要有三：一是筹集善款；二是根据会员平时调查的情况，确定救济对象，讨论款项的具体分配；三是由主会人用通俗易懂的语言进行讲演，劝人行善，做安分守己的良民，共建地方"好风俗"。可见，同善会除了救济之外，还具有教化民众、正本清源，维护社会秩序的功能。因此，同善会的救济对象都有着严格的道德标准，如生活无着的"孝子""节妇"。救济对象先要经会员推荐，再由同善会调查核实，才有资格领取善款。在同善会集会讲演结束后，有时也对听讲的贫民给予少量的施舍。

明末同善会的发起人多是东林党人及其志同道合者，尽管各地同善会在协助朝廷维护社会秩序、教化民众等方面做出了卓越贡献，但其日渐壮大的政治影响力在客观上挑战了朝廷的权威，甚至被认为是明末整治混乱的根源之一。因此，在清朝

---

① 王卫平. 明清时期江南地区的民间慈善事业 [J]. 社会学研究，1998（1）：86-99.

初期，朝廷为彻底清除文人反清组织，禁止文人任何形式的结社，强制终止了同善会的进一步发展。然而，随着时局的变化，朝廷很快就改变了这一决定。到了清朝中后期，即进入18世纪以后，一方面，人口激增和人口流动增加带来粮食危机、流民丛生，并由此引发社会恐慌，需要朝廷采取有效措施妥善处置；另一方面，进入"康乾盛世"的"强国家"阶段之后，清朝皇权统治趋于稳固，朝廷有将民间慈善组织纳入国家政策体系的愿望。因此，雍正二年（1724），朝廷发布诏令"劝募好善之人……照京师例推而行之"，明确鼓励乐善好施之人仿效京师的普济堂和育婴堂在各地推广类似善堂的建设和经营，并制定了详细的劝捐奖励办法。这一诏令承认了既存民间善堂的合法性，推动了此后百余年间民间善会善堂的复兴繁荣与多元化发展。

二、慈善组织的多元化发展

首先，慈善组织的多元化表现在官民合作样态的多样化。伴随官府财政资助的涌入，的确有一部分善堂表现出日益浓厚的官办色彩，但这些慈善机构并不像唐代的悲田养病坊一样直接被朝廷收编，而是出现了"官绅合办""官督绅办"等多样化的模式。一方面，官办机构与民办机构同时存在并在不同的地域范围内发挥作用。以清朝的育婴堂为例，朝廷资助的育婴堂多集中在大都市，乾隆四十六年（1781）《钦定户部则例·

育婴堂事例》规定："凡通都大邑各应建立育婴堂，收养遗弃婴孩，官雇乳妇，善为乳哺，委官役董司其事；绅士乐善捐建者，听其自行经理。"① 也就是说，通都大邑的育婴堂是财政重点资助的对象，其余则仍属民办，也很少获得官银资助。另一方面，官办化的慈善组织管理模式也不统一，并在不同时期相互转换。夫马进的研究显示，在接受朝廷的大规模资助之后，不少机构在很长历史时期内仍设有绅董，虽然这些绅董多是为响应"量力捐助，共襄盛举"的号召被地方官员强制或半强制的委派，且被委派的绅董要对官府负责，接受官府的监督，但在管理模式上仍可算作"官绅合办"的范畴。在太平天国运动之后，江南地区的社会秩序遭到严重破坏，清政府不得不谋求地方的配合与支持，士绅的作用重新受到重视，慈善机构的管理方式与之前相比也发生很大变化——这一阶段，官府仍然持续对慈善机构进行资助，但却很少直接插手具体管理事务，多数慈善机构由士绅担任董事主理，主理者不再由官府强制，而是事先由地方士绅共同推举，再由官府委任。②

其次，慈善组织的多元化表现在新型慈善组织的出现。19世纪四五十年代开始，伴随帝国主义的入侵，大批西方传教士

---

① 吴佩林，孙雪玲. 近三十年来的清代育婴慈善事业研究：以育婴堂为中心[J]. 西北师范大学学报（哲学社会科学版），2013（3）：5-10；钦定户部则例卷41至卷50 [EB/OL]. 中国哲学书电子化计划.
② 王卫平，黄鸿山. 清代慈善组织中的国家与社会：以苏州育婴堂、普济堂、广仁堂和丰备义仓为中心 [J]. 社会学研究，2007（4）：51-74.

带着基督教进入中国，这一方面引起朝廷的敌视和惧怕，认为传教士所办慈善是用来笼络下层民众的工具，与其任由他们发展壮大，不如鼓励民间的绅商也致力于慈善事业而与之竞争，这才形成了近代官民共同致力于慈善的合力。另一方面，中西融合催生了我国传统慈善组织的转型，除养济院、普育堂、育婴堂、施粥馆等救助型机构以外，还出现了借钱局、洗心局、迁善所、济良所、工艺局、习艺所以及教养局等①，这些新型慈善组织不仅注重灾贫的救济问题，还强调文化、技艺、教育的重要性，开展了一系列公益惠民活动。这说明，晚清时期，近代慈善组织逐渐突破原有的以"养"为主，开始向"教养并重"转变，并且慈善组织所涉及的内容更加多元，开始具备社会公益事业的特点并且呈现专业化发展的趋势。

最后，慈善组织的多元化表现为慈善层级的下移。雍正二年（1724）劝募民间行善的诏令，仍是"于通都大邑人烟稠集之处设置"育婴堂等慈善组织，在"皇权不下县"的传统时代，无论是官方还是地方士绅，所办慈善机构多集中在城市。而慈善活动的覆盖范围有限，广阔的乡村尤其偏远地区的乡村往往是慈善活动的死角。然而，晚清以来，中国社会经历了洋务运动、戊戌变法、辛亥革命等一系列变革，列强的入侵和战争的频发，给民众带来巨大的苦难和创伤，在这种情况

---

① 王卫平，黄鸿山，曾桂林．中国慈善史纲［M］．北京：中国劳动社会保障出版社，2011：8.

下，慈善组织作为一种民间自救的方式，得到了基层民众的广泛支持和参与。而商品经济的发展和社会结构的变化，推动着中国传统文化和思想观念的变迁，逐步从重视士大夫阶层的大儒思想转向重视平民百姓的儒生思想，以中下层儒生为代表的新兴力量在一定程度上挑战了传统的官绅权威，通过在基层社会举办慈善活动，展现了自身的影响力和价值观。这一时期，慈善组织在基层的数量和规模快速增长。根据梁其姿的研究，自嘉道之际一直到同治以后，可见到大量的中小型善会善堂如雨后春笋般在全国县市、乡镇里成立。① 这些基层慈善组织没有很高的科举功名和道德声誉，但其所提供的各类救济、教育、医疗等服务，有效保障了基层民众的基本权利和福利，也培养了一批有责任感和慈善意识的新型力量，在缓解社会危机、改善民生状况、促进社会变革等方面发挥了重要作用。

第四节　"实业救国"与地方公益事业的兴起

历史上，商人参与慈善事业并非少见现象。一方面，儒家思想对商人的影响深远，"儒商"作为一种特殊的商业文化，在中国社会长期存在，与一般的"利欲熏心"的商人形成鲜明

---

① 梁其姿. 施善与教化：明清时期的慈善组织 [M]. 石家庄：河北教育出版社，2001：244.

对比；另一方面，由于"重本抑末"的历史传统和社会风气，朝野对商人和商业有所歧视，商人一直处于四民之末的卑微地位，商人为了自身的安全和利益，不得不通过慈善活动来获得社会的认同和尊重。此外，自明清时期开始，朝廷鼓励民间力量进行慈善捐赠，并制定了明确的奖励机制，许多富甲一方的商人可以通过慈善活动提升其社会地位和声望。这些都是商人从事慈善事业的动因。然而，在很长一段时间内，儒商的慈善活动并没有实现规模化和制度化，其真正发挥作用是在晚清时期，特别是在同治、光绪年间。这一时期，由于工商业的快速发展、社会的动荡不安以及"实业救国"思想的兴起，各地商人组织的会馆、公所等机构开始承担起同业互助和社会公益的职能，逐步发展成中国近代慈善事业中的一支重要力量。

一、关注地方公益事业

通常，我们将赈灾救荒等强调及时和应急性帮助的事务称为狭义慈善，而将兴办学校、医院、建设游民习艺所等关注社会问题的根源和解决方案的事务称为广义慈善。按照这一区分原则，学术界普遍认为中国传统慈善以救助为重心，缺乏对地方公益事业的关怀。发展到近代，率先走上现代化道路的西方慈善事业与中国传统慈善事业之间形成鲜明反差：外国不仅可以救助、延存弱者性命，更可为广大民众提供公共文化服务。

反观中国，百姓存活尚无保证，其他的发展性目标更是奢谈。① 因此，有观点认为，公益一词，是来自近代日本的舶来词汇。但考察中国慈善事业发展史发现，中国近代公益的概念至少在清末就已经出现，并且这与"实业救国"的思潮有着密不可分的关系。

清末，中国面临着前所未有的国家危机和社会变革，实业救国成了一种民族复兴的理想和行动。特别是甲午中日战争以后，清政府签订了不平等的《马关条约》，割地赔款引发了国内外的强烈反响。在这样的危机背景下，清政府出台"奖励实业"的政策，鼓励社会各界投身工商业的发展，以振兴民族经济。江南地区由于地理位置优越，靠近通商口岸，商业贸易繁荣，吸引了大批有识之士和富商巨贾涌入实业领域。国家对实业的重视，使得商人的社会地位有所提升，改变着传统社会"士农工商"的分野。在最初的洋务运动中，洋务派以官督商办和官商合办等形式开办了多家用于求富的民用工业，士绅阶层也随之进入商业领域，士农工商的分界变得模糊不清，或者说出现了"官绅商"一体化的趋势。体现在慈善领域，看重文化道德的绅士阶层与重视金钱利益的商人阶层发生对流，许多商人既是有名望的士绅，也是实业家、慈善家，甚至还有着"顶戴"身份，他们不仅关注自身的利益，也关心国家民族的

---

① 周秋光，季华文. 达则兼济天下：试论张謇慈善公益事业［J］. 史学月刊，2016（11）：79-88.

命运，积极参与地方公共事务，开展各种慈善公益活动。

同时，清末新政改革为慈善与公益的结合提供了新的机遇和发展空间。1909 年，清政府颁布了《城镇乡地方自治章程》，要求各地绅商名流"专办地方公益事宜，辅佐官治"，这就将慈善事业与国家利益、地方公事结合起来，对慈善事业的近现代转型产生了重大影响。具体而言，一是为慈善事业提供了新的理念和目标。《城镇乡地方自治章程》体现了清政府对西方现代政治制度的借鉴和模仿，也反映了当时社会上对民主政治和国家建设的追求与探索。因此，清末的慈善家们不再只是以传统的仁爱、怜悯、功德为动机，而是开始以救亡图存、民族复兴、社会进步为目标，将慈善事业视为整体社会改造之工程，慈善与公益结合的现象日益明显。二是为慈善事业提供了组织平台和制度依据。《城镇乡地方自治章程》明确规定了"乡公所"应该办理教育、卫生、慈善、工艺等公益事务，使得绅商名流等有识之士能够通过城镇乡的组织机构，在公益慈善乃至地方公共事务中发挥自己的经济实力和社会影响力。

中国传统慈善事业在近现代转型过程中逐步超越血缘、地缘等小共同体的身份认同，与地方公共事务乃至指向国家利益的"公益"互相嵌合，体现在慈善观念上是从"重养轻教"到"养教并重"的转变；体现在慈善实践主体上则是从个体、宗教、家族为主体的慈善家向职业化、专业化、网络化的慈善家群体转向；体现在慈善组织上则是新型慈善机构的出现以及融资手段等创新方法的运用。当然，慈善事业的公益指向并非对传统宗族或地方认同的背离，而是将多重身份认同进行整合，是多元慈善文化在实践中相互融合的体现。近代慈善事业在转型过程中，呈现出救济类、教育类、组织建构类等多种样态的慈善活动，这些活动既包括了传承历史传统的救济类活动，也包含了体现近代理念的教育类、发展类活动。它们相互融合，相互促进，共同推动了近代慈善事业的变革和发展。每种样态都有其独特的意义和作用，都是近代慈善事业不可或缺的一部分。

二、慈善事业的新样貌

清末的慈善家们不再满足于传统的赈灾救荒、斋饭施药等活动，而是开始关注教育、医疗、科技、文化、生态等多个领域，以满足不断变化的社会需求，这是中国慈善事业由传统向现代转型的一个重要标志。

首先，体现在慈善理念的变化上。在实业救国的思潮下，慈善家将善举与民族命运结合在一起，体现了对国家民族的忧患意识和进步理想，并且带有一定的政治色彩。慈善家举办善举的动机不再是为了追求个人或家族的"福报"，也不是出于自身的声誉、地位等私心的考量，而是为了整个社会的福祉，这是我国慈善跳出家族、地域、时局等方面的限制，开始走向规模化和可持续性发展的理念基础。近代慈善理念的现代化转型以经元善和张謇两位慈善家为代表。经元善提出"救急不如救贫"的理念，认为通过办学、兴业、开风气、正人心等方式，提高民众的素质和能力，才能最终摆脱贫困。他热心教育，认为女性是国家进步和民族复兴的重要条件，是近代中国第一个创办女学堂的人，推动了中国近代女性教育和女性解放运动的兴起。张謇发展了经元善的慈善观，将慈善公益事业与地方自治、实业、教育的发展紧密相连，一生创办了 20 多家企业，370 多所学校。张謇举办慈善活动的终极目的是推动地方自治乃至中国近代化进程，他认为，"以国家之强，本于自治；自治之本，在实业教育；而弥缝其不及者，惟赖慈善"①。他在创办盲哑学校时也再次阐明了这一观点："夫人人能受教育以自养，则人人能自治，岂惟慈善教育之表见而已。"② 并且，张謇在创办学校之后，还建立了图书馆、博物院等相关辅助性机构。他将这些公共设施的建立都纳入慈善视野之中，极大突破了传统善举的范围，并将其作为社会改造和发展进步的一部分，反映了他对民族危亡的忧患意识和救亡图存的爱国情怀。

其次，体现在慈善家群体的变化上。从 19 世纪 70 年代开

---

① 张謇研究中心，南通市图书馆. 张謇全集：第四卷 [M]. 南京：江苏古籍出版社，1994：406.

② 张謇研究中心，南通市图书馆. 张謇全集：第四卷 [M]. 南京：江苏古籍出版社，1994：406.

始，山西、陕西、河北、河南、山东等地发生持续数年的严重
干旱，造成了 950 万~2000 万人的死亡，史称"丁戊奇荒"①，
除了朝廷的救济以外，各地绅商和南洋华侨也慷慨解囊。此次
捐赈与以往以善堂、义仓等为主体的小规模、地方化慈善活动
不同，涉及更大规模、更大范围的资源协调，捐赈迫切需要组
织者。为了联络更多的绅商和善士共同效力捐赈，1878 年经元
善与浙江绅商屠云峰、谢绥之等人发起创立了"上海公济同人
会"，由经元善经营的仁元钱庄代收捐款，然后交由果育堂汇
兑解往赈区。不久，经元善设立"上海协赈公所"，作为组织
上海绅商义赈活动的常务机构，其赈济范围也扩大到直豫秦晋
四省。② 这是我国首次突破传统的地域性、宗族性赈济模式，
也是在这个过程中，涌现出了近代中国第一批慈善家群体，这
一群体最初的规模并不大，但包括经元善、郑观应、盛宣怀、
谢家福、张容、熊希龄、沈敦和、王松森、陈煦元、李朝觐、
施善昌等慈善名家。③ 在这里，他们既是实业家，也是慈善
家，有些还有官职顶戴、科举功名。这些慈善家以自身财富为
依托，利用强大社会资源网络，积极组建慈善赈济团体，为慈
善活动的顺利举办提供了必需的公信力和财力基础。慈善家群

① 夏明方. 清季："丁戊奇荒"的赈济及善后问题初探 [J]. 近代史研究,
1993（2）：21-36.
② 李念庆. 经元善的慈善思想与实践 [D]. 长沙：湖南师范大学, 2009
③ 朱浒. 洋务与赈务：盛宣怀的晚清四十年 [M]. 北京：中国人民大学出版
社, 2021：2.

体的出现，改变了传统民间社会以个体、宗教、家族为主办慈
善的状况，不同社会背景、角色地位的慈善家所持有的慈善理
念相互融合与碰撞，共同推动着近代中国慈善事业的转型与
发展。

最后，体现在慈善组织的变化上。具体又可以分为三方
面：一是中心协调机构的出现。晚清以降，大型灾荒频发，社
会动荡不安，本属权宜性的捐赈组织裁撤无期，反而强化了
"协赈公所"式的赈济模式。慈善家们通过成立或参与各种协
会、中心组织的形式，提高善款的筹集效率，开展跨区域的赈
济活动，募捐代理机构往往遍布全国各地，甚至扩展到海外。
例如，1883 年 11 月，慈善家在上海成立山东振捐公所，其募
捐代理机构不仅遍布大半个中国，而且还通过中国驻外使领馆
以及企业的驻外商行在新加坡、日本、美国等地进行募捐。①
二是传统善堂的转型。中心协调机构以及慈善家群体的出现推
动着传统慈善机构的转型。特别是两广、江浙一些较有实力的
善堂，也开始根据慈善理念和社会需求的变化开始调整自己的
活动范围，它们不仅在原有基础上扩大了规模，而且开始参与
创立阅报社以使人开阔眼界，设立学堂以培育人才，设立养贫
院以教人谋生技艺。这些新型的公益慈善活动，成为慈善事业
在近代嬗变中值得重视的趋向。三是新兴专业化的慈善机构。

---

① 王国庆. 近代中国社会慈善家群体研究 [D]. 长沙：湖南师范大学，2002.

慈善家群体长期的分工合作催生了职业化的慈善家以及新兴专业化的慈善组织。例如，1904 年，沈敦和、盛宣怀等人在上海发起成立了中国最早的专业化慈善组织——上海万国红十字会，这是中国红十字会的前身。1919 年，熊希龄、徐世光等慈善家发起成立以佛教为基础的"世界红卍字会"，并在全国各地设立分支机构。1910 年，上海商界发起华洋义赈会，并于1921 年成立中国华洋义赈救灾总会，作为常设机构应付未来赈务，以解决各地华洋义赈会各自为政的问题。① 这些新兴的专业组织具有较强的组织化水平，能够有效地筹集和分配赈款，协调和管理救济工作，并与国内外政府、社会团体和个人合作，应对各种自然灾害和社会动荡，体现了较为专业的慈善能力。

---

① 王先明，国若家. 近代慈善事业研究的拓展与深化：《中国近代慈善事业研究》简评 [N]. 光明日报，2015-02-25（14）.

第二章

双林近代实业的发展与市镇慈善的兴起

　　明清时期是江南市镇发展、兴盛时期，一方面是由于商品经济的发展和市镇人口的快速增加，另一方面是由于明清时代，各府、县的慈善事业也逐步发展成熟。清末民初，近代实业的发展以及《城镇乡地方自治章程》的颁布进一步催生了市镇慈善的勃兴。双林的市镇慈善也在这样的背景下发展起来。

　　市镇慈善是近代中国慈善事业转型的产物，它随着慈善层级的下移而在清末民初呈规模化发展，打破了以往传统慈善集中在通都大邑的格局。市镇以其连接城乡的纽带、沟通城乡的据点而存在，可以说，市镇慈善是近代中国慈善事业转型的一个重要方面，反映了民间慈善在地方社会中的作用和影响。研究市镇慈善，对于我们了解慈善传统的传承与发展具有三方面的意义。一是市镇慈善具有明显的地域属性，它在一个相对封闭和稳定的小范围地域内进行，施善者与受善者之间有着相似的文化背景和风俗习惯，互动也更密切。市镇慈善不仅能够满足当地居民物质和精神上的需求，也能够增强社区的凝聚力和认同感，促进慈善事业从精英慈善向全民慈善的转型。二是市镇慈善从一开始就呈现出多重样态，既保留了传统救济性慈善的特征，在养老、育婴、施粥、施棺等传统活动中发挥作用，又能吸收慈善事业近代转型过程中的新理念，致力于地方公益事业。研究市镇慈善的转型与发展，能够更好地理解慈善事业传统与现代之间的关系。三是市镇慈善远离政治权力中心，更少受到政府干预和控制，更能体现民间慈善的自主性和多样性。来自基层的、鲜活的慈善经验，能帮助我们更好地理解慈善事业的发展动力。基于上述研究目标，本章系统梳理了双林近代慈善事业的发展历程，特别是在近代转型过程中，伴随实业发展而出现的新兴慈善家群体以及当地慈善事业的新样貌。

第一节　双林的社会经济概况与慈善需求

　　双林镇，其命名源自古代东林与西林两村的并置，在明清时期隶属湖州府归安县，民国时期则转隶吴兴县。双林镇位于苏杭两大城市之间，水网密布，蚕旺鱼肥，其历史可以追溯到汉唐时期，彼时已经初具村落形态，名为东林。宋代南渡之时，北方商贾随宋室南迁集聚于此，带来商业繁荣，双林也因此被称作商林。元代时，双林镇的经济结构进一步优化，绢丝

业特别发达，已经有十家绢庄，专门负责周边地区丝绸产品的
收购与加工，体现了该地区养蚕种桑的传统农业活动的兴盛与
富饶。明代初年，原来的东林村逐渐衰落，而西林村则因经济
活动的繁荣与文化象征（如传说中的两棵高大树木）的加持而
日益兴盛。永乐三年（1405），官方正式以双林镇命名此地
区。① 双林镇最著名的传统产业是绫绢，"轻如晨雾，薄如蝉
翼"，有"吴丝衣天下，聚于双林"之称②，被誉为"东方丝
织工艺"的奇葩。绫绢业的发展，使双林在晚清时期成为江南
水乡著名的商埠巨镇，并与乌青、南浔等历史名镇有并驾齐驱
之势。

一、亦儒亦商的家族传统与慈善情怀

经济的发展往往带来人文鼎盛。或许是重农抑商的社会氛
围，或许是主要的政治权力都把握在儒士手中，部分商人在经
商成功之后，仍然面临儒、贾择业之间的紧张，经常需要"治
货而不误学"，通过"学而优则仕"或者慷慨解囊为社会做出
切实的贡献，以提升自己和家族的地位。在此背景下，双林镇
不仅因经济富庶而著称，更因对教育和文化的高度重视而闻
名。历史上的双林是一个文化发达和人才辈出的名镇，元、

---

① 双林镇志编纂委员会. 双林镇志 [M]. 北京：方志出版社，2015：42.
② 百年院庆，大师云集，熠熠生辉：梁希先生 [EB/OL]. 南京大学生命科学
学院，2021-10-15.

明、清三代共出进士 25 人。在明万历八年至康熙二十三年间（1580—1684），在当地教育机构东林书院读书并中举的有 44 人。① 崇文重教、恪勤持家是双林人绵延数百年的人文传统，镇上居民多以"亦农亦儒，亦贾亦儒"为家训，不论是农民、商人还是工匠，都不放弃学习。男童一般七八岁就从师读书，闲暇时才务农或执技艺。无论是旧时科考还是在近代社会转型中，双林镇涌现出了许多才华横溢的人物，他们以家族为单位，此起彼伏，在双林镇编织着名门望族的兴衰史。明清以来，双林镇最有影响的旧式大家族包括吴家、沈家、徐家、郑家、蔡家等。

吴家与沈家是双林最早的住户之一，在明朝已经是双林大户，据说现在还保留有洪武年间发放的户帖。② 明朝永乐年间，吴恭在杭州经商成功，吴家开始发迹，后建祠堂，自称始祖是吴宪卿。吴宪卿相传是元代的象州提举官，死后颇有灵迹，被元仁宗封为总管。江南地区的家族在初建时通常通过祠庙合一的方式来获取家族认同和威望。吴总管发音同"五总管"，后者是当地最盛行的民间神祇，吴家祖先便利用这个象征系统来凸显本族在当地的地位，在当地建吴总管祠，并将其作为吴家祠堂。清代初年，由于该总管祠同时又被设为乡约

---

① （清）吴玉树．东林山志［M］．北京：中国文化出版社，2021：1.
② 蔡蓉升，蔡蒙．双林镇志：卷十八：户口田赋保甲［M/OL］．国学大师网，民国六年（1917）.

所，吴家当时的当家人吴汀便被尊为乡约长。不过，由于吴家始终不能在科举榜上名列前茅，至道光年间，吴家再不能垄断双林镇的区域性神圣形象，另外几家士绅又共同创建了一所新的土地庙，乡约所也设在了这里，这意味着吴家荣光的旁落。沈家曾出过双林镇最早的巡抚沈稠，沈稠在明朝嘉靖年间中进士后移居双林镇，开通了南兜和南阳兜①，使双林镇南部的交通更为便利，他还为其姐夫吴汀修吴氏宗祠作记。沈稠官至福建巡抚，沈家的宅邸被称为沈家园，一度是双林镇的名胜。但进入清朝以后，吴沈两家均受到冲击，开始衰落，一些新的家族开始在镇上树立威望。

徐家祖上是康熙年间来镇上经商的商人，后来落户双林镇，经过几代的发展，徐家逐渐兴旺起来，出了双林镇最有影响力的巡抚徐有壬。徐有壬于清道光年间中进士，历任云南按察司、湖南布政司、江苏巡抚等职位，咸丰十年（1860）在太平军攻克苏州时被杀死。徐家"以官为家"，大多数有功名的成年人都在外地，对双林镇的建设影响不大，但徐有壬是个例外。他在丁忧回籍时频繁参与地方事务，比如，"（咸丰）六年夏，大旱饥。镇之博徒勾结东路枪船，至镇聚赌，并演唱花鼓戏，谓之花册场。有数十小船至石街埠，强占民居。时徐有

---

① 蔡蓉升，蔡蒙. 双林镇志：卷四：街市［M/OL］. 国学大师网，民国六年（1917）.

壬总办团防于湖城，告当道访查严禁，旋避去"①。此外，他还主持重修贾烈女墓等。

郑家早在清初就活跃在双林镇上，郑祖琛在道光年间曾任广西巡抚，他的出现让郑家的影响达到高峰。郑祖琛在外地任职时，经常建设善堂、公所之类，双林镇的崇善堂就是郑祖琛在守制期间创建的。② 道光年间，双林镇遭遇气象灾害，乡民借口岁荒，纠众到殷户家讨饭，其中也不乏挟嫌乘机报复或掳掠者。恰逢郑祖琛被革职在家，于是跟县丞交涉，率兵来镇弹压，惩治带头行凶者数人，平息了这场风波。③ 但由于郑祖琛在广西巡抚任内对太平天国运动镇压不力，朝廷认为他对粤乱负有不可推卸的责任，1850年被革职，也正是由于这个原因，《双林镇志》《归安县志》甚至不为他作传。

蔡家是清末双林镇上的后起之秀。双林蔡氏尊北宋秘书郎为南渡先祖，其三子希孟定居德清。元末明初，蔡希孟自德清迁居双林。蔡家人既笃工商之业，又重科举功名，历经明清时期繁衍发展，至清中期，蔡氏已成为当地一支不可小觑的力量。乾隆三十二年（1767），蔡文龙与族人在双林虹桥西南处

① 蔡蓉升，蔡蒙. 双林镇志：卷二十：人物［M/OL］. 国学大师网，民国六年（1917）.
② 蔡蓉升，蔡蒙. 双林镇志：卷二十：人物·郑遵俌传［M/OL］. 国学大师网，民国六年（1917）.
③ 蔡蓉升，蔡蒙. 双林镇志：卷十九：灾异［M/OL］. 国学大师网，民国六年（1917）.

建蔡氏祠堂，由此奠定了蔡氏家族在双林的望族地位。由于蔡氏家族积极参与公益事业，其影响力日益上升。蔡文龙遇水旱之年，皆与诸绅董商办赈务，受到灾民信赖。蔡文龙之弟蔡遇龙晚年设米肆于双林，乐善好施。遇赊米因贫困而难偿者，悉毁计簿。乾隆年间的蔡存信捐资给府城的育婴堂，乌程、归安两县的知县因此赠匾"泽及群婴"，其子蔡本谦编纂了蔡家全部五支的总谱；族侄蔡汝琳则"以讼事捐钱一万三千五百缗。为阖郡之冠，议叙双月选用通判"，还曾修灵官殿。① 清朝晚期，蔡氏家族在科举考试上的成绩，使其家族影响力进一步扩大。据《双林镇志·贡举》统计，蔡家在嘉庆二十年（1815）以后获生员头衔的人数高达66名，大大领先于第二位的郑家（48名）、第三位的沈家（40名），是处在第四位的徐家（30多名）的两倍多。②

二、近代民族工业的先驱奠定经济基础

双林镇依托蚕丝、绫绢生产及其贸易活动迅速崛起，成为江南商业巨镇，进而推动其他相关产业的发展，具备了较好的工业基础。清末民初，在近现代社会转型和挽救民族危亡的宏观社会背景下，双林镇涌现出一批与时俱进的商人群体，他们

---

① 蔡蓉升，蔡蒙. 双林镇志：卷三十二：纪略［M/OL］. 国学大师网，民国六年（1917）.
② 蔡蓉升，蔡蒙. 双林镇志：卷三十：贡举［M/OL］. 国学大师网，民国六年（1917）.

与外商有着广泛的贸易往来，学习西方的科技、经济和管理知识，摆脱传统儒家商业观念的束缚，促进了近代商业文明的进步，成为我国近代民族工业的先驱者。

上海开埠以后，大批双林商人利用此契机，将湖丝带到上海售卖，积极参与国际贸易，将双林丝绸产销海内外，获得了巨大的经济效益，也涌现出一批旅外丝绸商人。据《浙江湖州双林姚氏家乘》记载，双林人姚天顺、俞源元、施福隆、丁震源、陈三益、凌成记等先后多次赴沪从事丝绸贸易，与多家外商洋行建立了广泛的合作关系，并创办了自己的丝绸厂及货栈。其中，姚菉泉是双林商人中最为杰出的代表，他"初读书，稍长习为商。十七岁赴新市镇，在庆昌绸布庄任事。二十八岁至申，改习丝业"①。姚菉泉曾任职于多家洋行和丝绸企业，如担任申隆洋行华人经理、瑞记丝楼、瑞纶丝厂总经理等，并与姚兰坪、陈景华、宋介生等合股开设恒庆公丝栈和黄白灰丝栈。姚菉泉因其出色的商业才能在上海建有了自己的商业影响力，被"群推为沪上丝商之巨擘"②。双林商人之所以能够抓住机会向外发展，与其注重对外贸易的历史传统是分不开的。双林盛产丝绢，但本地衣丝着锦者很少，消费率极低，丝绢主要依靠国内外市场。双林商人善于外出学习，小商人多

---

① 姚美諡. 浙江湖州双林姚氏家乘不分卷 1936 年写本［EB/OL］. 家谱数据网，2023-12-17.
② 姚美諡. 浙江湖州双林姚氏家乘不分卷 1936 年写本［EB/OL］. 家谱数据网，2023-12-17.

在苏杭近地，富商则远走闽广湘樊松沪乃至海外市场，如蔡兴源、陈义昌将湖丝贩卖到香港，"积资巨万"①；姚洪"与远商交，业日进，资日裕"②。也有双林商人长期旅居在苏杭等丝织技术精湛之地，在交易中心不断学习吸收新技艺，以保持市场竞争中的优势。善于外出寻找商机的传统使双林丝织业在近代民族工业中占有了一席之地。

图2-1 1930年双林虹桥港的商埠码头，黄笃初摄③

外出寻找商机之余，双林镇上各类新型工厂应运而生。伴

---

① 蔡蓉升，蔡蒙. 双林镇志：卷十七：商业［M/OL］. 国学大师网，民国六年（1917）.

② 蔡蓉升，蔡蒙. 双林镇志：卷二十：人物［M/OL］. 国学大师网，民国六年（1917）.

③ 参见双林镇志编纂委员会. 双林镇志（上）［M］. 北京：方志出版社，2015：13.

随新知识、新技术的发展以及外埠经商的频繁，原有的传统手工也已不再适应市场所需，以莫觞清、蔡声白、高敬基等人为代表的双林商人，在镇上创办了电力、通信、现代缫丝、制皂、火柴、制袜、碾米等实业。双林镇发电厂的建立可以说是工业发展繁荣的标志性事件。1922 年，由当地 4 位商人合资 4 万银圆，建立双林发电厂，购入英国卧式单缸燃气机一台，上海华生牌直流发电机一台，所发电力除用于照明外，还为工业特别是缫丝工业的发展提供了便利。当时，双林镇仅机械缫丝工厂就有 4 家，这些丝厂多引入坐立缫丝机，极大提高了生产效率。例如，由潘仲、朱静英合办的竞新丝厂自建茧库，有意大利式坐缫车 248 台，工人 400 余名；俞馨士兄弟开办的俞兴记丝厂有坐立缫丝机 60 台，年产厂丝 150 余担（7500 千克）。此外，双林镇还有机械碾米厂 3 家，制袜厂、火柴厂各 1 家。①

　　这些工厂与传统的手工业作坊有着本质的区别，它们采用了机械化、标准化、规模化的生产方式，为当地带来了生产力的显著提升，促进了双林工业的繁荣与发展。然而，由于日本侵华战争的爆发，这些工厂都遭到了严重的破坏和掠夺，双林镇的工业生产陷入了低迷和停滞的状态。尽管如此，近代实业的发展培养了一批具有远见卓识和爱国情怀的民族工业家，他们不仅积累了巨额财富，改变了双林镇的经济结构和社会风

---

① 双林镇志编纂委员会．双林镇志（上）［M］．北京：方志出版社，2015：362-363．

图2-2 民国时期双林镇上的电灯公司和碾米厂

注：黄笃初摄于1936年。江南往事—黄笃初摄影艺术精品展（湖州市博物馆2022年1月展）

貌，也对当地的士绅阶层和平民阶层产生了深刻的影响。特别是在国难当头、社会动荡之时，他们积极投身地方公益事业的建设，为近代慈善事业的发展做出了重要贡献，也改善了基层社会的秩序和格局。

三、近代双林的社会问题与慈善需求

作为商品经济发达的商业重镇，双林镇人口集中、商业繁茂，相对而言有更强的抵御风险的能力，但近代史上的各类社会问题以及灾难在双林也时常发生。

一是自然灾害问题。双林是典型的江南水乡，地势低洼，水网密布，极易受到洪涝灾害以及由此引发的次生灾害的影响。据《双林镇志》统计，自 1840 年鸦片战争始至 1911 年中华民国成立前的 60 余年间，有 11 年有水涝灾害，其中 1909 年、1910 年、1911 年连续三年水灾，再加上旱灾、蝗灾、大疫、火灾等其他自然灾害，双林经常出现田禾歉收、饥饿、贫困以及由此引发的一系列社会问题。如 1849 年，受水灾影响，田圩尽淹，导致米价飞涨，饥民滋事。①

二是人口增长带来的问题。1912 年至 1938 年，双林镇经济发展兴旺，人口不断增长，再加上外来人口的流入，双林镇人口最多时达到 13000 多人。因丝绢业发达，招徕各地客商，"其石工、木工、染工、理发匠大半来自他乡，油坊工尽是长兴及南京两处人，其余各业则主客参半"②。人口的增长一方面使得资源紧张。另一方面，人口增长也导致社会阶层和利益的分化，如富商与穷人、工业者与农业者等。这种分化造成了群体之间的不平等，容易引发社会矛盾和冲突。

三是战争和动乱问题。从 1851 年持续到 1864 年的太平天国运动，给整个长江以南地区造成了深重的灾难，《双林镇志》记载了"粤寇之乱"的部分死难者。持续的社会不安更是推进了地方军事化的进程，20 世纪初的军阀混战很可能滥觞于此。

① 双林镇志编纂委员会．双林镇志［M］．北京：方志出版社，2015：49-65．
② 蔡蓉升，蔡蒙．双林镇志：卷十五：风俗［M/OL］．国学大师网，1917．

而日本侵略军占领双林更是带来严重损失，各类工厂停业停产，人口数量骤减至 6000 余人。① 受各种政治势力和武装力量的干涉，双林镇的农业生产和商业活动都受到了严重影响。

双林社会在近代历史上经历了多次自然灾害和战争破坏，这些灾难对当地的社会经济和人民生活造成了巨大的冲击和损失。特别是由于小农经济的脆弱性和不稳定性，双林的农民阶层不断遭受着破产和贫困的困扰，他们的生存状况十分艰难，迫切需要社会的救济和保障。在这种情况下，公益慈善事业应运而生，成为双林当地社会应对危机和维持秩序的重要手段。

第二节　双林传统慈善的嬗变与市镇化趋势

我国慈善思想源远流长，有着深厚的历史底蕴和社会影响。近代双林人的慈善实践一方面继承了传统儒家的仁爱思想、佛教的慈悲关怀、道教的积德学说；另一方面在近现代社会转型的大背景下，双林人还借鉴吸收了西方的慈善理念和行为模式，体现了新与旧、中与西的融合。我们首先来探讨近代双林的传统慈善，即主要以救济贫困、灾难、疾病等紧急情况为主，多采用直接施舍或资助的方式进行救济，而非以改善社

---

① 双林镇志编纂委员会. 双林镇志［M］. 北京：方志出版社，2015：339-350.

会结构或促进公共利益为主要目标的慈善行为。这类慈善多有着悠久的历史，一般以当地士绅、富商为参与主体，清末开始伴随慈善层级的下移，也有官民之间的合作。

一、回馈桑梓：个人捐赠与家族慈善

个人善举是传统慈善的典型表现形式，在不同时代和社会环境中，个人善举广泛存在，尤其是在遭遇自然灾害或社会动荡时，许多人主动或被动地参与到各种形式的捐赠活动中，以帮助他们的亲友、同乡以及社会弱势群体渡过难关。这种捐赠活动既反映了个人的道德情感和价值取向，也反映了社会的文化传统和制度安排。

受经济社会发展阶段和慈善理念的影响，在传统社会，慈善还主要是社会精英的活动。特别是当地的名门望族，不仅受到儒家伦理的教化和影响，也受到社会舆论的约束和期待，因此，在慈善事业上更是不遗余力，从教育、养老、育婴、施棺、施粥等方面进行了大量的捐赠和资助。这些善举最初可能是与宗教信仰、家族利益、宗族发展结合在一起，但大都泽被乡邻。例如，沈家作为双林镇上最早的"大户"之一，早在元朝至顺二年（1331），便捐义塾田五百亩，以此作为"资金来源"，请儒师为本族子弟以及乡里青年才俊教授学问。至元元

年（1335）又捐赠义庄田五百亩，为贫困不能婚葬者提供经济援助。① 这些善举不仅造福了当地的人民，也为沈家赢得了良好的声誉和尊敬。民国《双林镇志》记载，双林商人俞氏将无力偿还借贷资金的同乡"集悉召之至，取券焚之"②；金洪夔"生平力行善事，凡施棺助葬修桥治道之事岁不胜数"③；徐臣镛因同行经商的同乡"遭风覆舟，尽失其资，贫窭如故"④，于是出资帮助同乡置田畴，营宅第，"又出余资赒亲友、恤乡邻"⑤。

传统时期个人捐赠具有明显的家族色彩。例如，清乾隆年间，蔡氏家族的蔡存信"性慷慨，乐善好施，戚友有急，推解无倦色"⑥。蔡存信最大的贡献便是捐助了府城育婴堂，乌程、归安两县的知县为表示感激，特赠"泽及群婴"牌匾一块。蔡存信之子蔡本谦同样热衷于慈善事业，据《双林镇志》记载："嘉庆九年水，十九年旱迭，办赈济，慷慨好施，始终无倦容。

① 蔡蓉升，蔡蒙．双林镇志：卷二十：人物［M/OL］．国学大师网，民国六年（1917）．

② 蔡蓉升，蔡蒙．双林镇志：卷二十：人物［M/OL］．国学大师网，民国六年（1917）．

③ 蔡蓉升，蔡蒙．双林镇志：卷二十：人物［M/OL］．国学大师网，民国六年（1917）．

④ 蔡蓉升，蔡蒙．双林镇志：卷二十：人物［M/OL］．国学大师网，民国六年（1917）．

⑤ 蔡蓉升，蔡蒙．双林镇志：卷二十：人物［M/OL］．国学大师网，民国六年（1917）．

⑥ 蔡蓉升，蔡蒙．双林镇志：卷三十二：纪略［M/OL］．国学大师网，民国六年（1917）．

道光三年水，亦办赈，以粥厂之不易设置也，与同志共议以钱代米，乃躬历乡镇编查分别给予，人尽称善。"① 蔡本谦的族侄蔡汝琳在水灾来临时慷慨捐赠米三千石，为"阖郡之冠"，被通判赞为"谊周乡里"，本镇之民有"向隅之欢"②。这不仅体现了双林传统士绅的担当，也反映出传统社会中的文化价值和道德规范。

　　近代实业的发展为慈善事业积累了更多的物质基础，无论是传统士绅还是新兴民族工业先驱，大都保持了博施济众、救济贫困的传统美德。在力所能及的范围内，他们广泛参与捐资助学、赈济灾民等慈善事业。清末，受太平天国运动的影响，难民增多，富户以及丝业、米业等商铺皆慷慨解囊，除了捐赠钱米以外，郑、蔡、俞、唐姓等大户人家将闲置的宅院收拾出来安置难民，郑、唐两家还开放祠堂，让难民暂居其中。每逢水灾旱灾，田禾歉收，均有富户、士绅协助设立粥厂，捐资赈济。清末民初，社会处于动荡不安和剧烈变革之中，富户和士绅作为当时社会的上层阶级，也不得不面对各种危机和挑战，他们不惜捐献钱财，支持革命、改良、教育等事业，甚至还要出资组织团防团练，建立自卫武装，以抵御外来侵略和内部叛乱，维持着社会的勉强运转以及自身的利益。1912 年，"商立

---

① 蔡蓉升，蔡蒙．双林镇志：卷二十：人物［M/OL］．国学大师网，民国六年（1917）．

② 蔡蓉升，蔡蒙．双林镇志：卷三十二：纪略［M/OL］．国学大师网，民国六年（1917）．

国民学校"的成立意味着个人善举开始关注地方社会公共利益，也推动了慈善事业的近现代转型。

二、层级下移：双林组织化慈善的发展

组织化的慈善机构如养济院、普育堂、育婴堂、施粥馆等在我国历史上长期存在，只是多由朝廷或士绅主导，集中在州县人烟稠集之处。明清以来，伴随着人口增加和经济发展，地方社会对慈善的需求不断增长，慈善活动逐渐从由朝廷或士绅主导的大规模集中性慈善转向由地方乡绅和小商人发起的市镇层面慈善。这一时期，市镇层面的慈善机构日益增多，虽然规模普遍不大，但慈善活动更加分散和多样。这些机构不同于依赖朝廷资金的自上而下模式，而是通过地方自发的组织和管理，彰显了地方自治和草根力量在慈善领域中的重要作用。层级下移不仅体现了慈善组织向基层的延伸，也反映了自下而上的动员力量，标志着地方社会自组织能力的逐步提升。尤其是江南地区，慈善组织的层级逐渐下移，使得各类慈善机构逐步发展壮大。

近代双林地区的主要慈善机构包括殡葬公所、义冢、云近堂、留婴公所、惜字会等。其中，入土为安是儒家伦理的一种丧葬礼仪，体现了对逝者的尊重，双林镇上的传统慈善机构中，最完善的当属殡仪丧葬相关机构。其次则为老弱婴幼等弱势群体的照护以及灾乱时期的抚恤机构。

（一）义冢

双林镇上有义冢两座，一座在花塍南，由士绅蔡轶群捐建，但后为乡民占为他用；另一座在水镜寺南，由士绅沈秀生舍地捐建。除义冢占地外，沈氏还捐赠了四亩土地由水镜寺僧人负责管理，为义冢立碑和照看费用。

（二）义殡公所

义殡公所原是六和庵内的一座石塔，用来存放无人认领的遗骸，由崇善堂负责管理。咸丰年间（1851—1861），太平军攻占双林，六和庵被焚毁，一位施姓乡绅出资重建了庵堂。同治九年（1870），一位俞氏乡绅捐赠了百元洋银，并另外募集制钱百余吊（约合铜钱10万文），在六和庵修建了新殿。扩建的六和庵有五间正房和东西两侧廊房，男女殡仪分列，由崇善堂登记记录，每有新的殡仪者都要报告，出入有人检查。①

但六和庵作为暂殡之所，管理水平有待改善，例如，有家属贫乏者，不能及时领回灵柩安葬；有些临时"置棺待葬者"，不祭冬腊②，最终导致暂殡秩序混乱，灵柩摆放杂乱，甚至"污秽不可接近"。面对困境，光绪年间（1875—1908），乡绅蔡亦庄请求地方官府，将双林护生寺后一处被封禁的偏院作为"义殡公所"，仿照苏州培德堂的管理体例，明确暂殡期限，如

---

① 蔡蓉升，蔡蒙. 双林镇志：卷八：公所［M/OL］. 国学大师网，民国六年（1917）.

② 腊祭，是历史悠久的民间传统祭祀文化。

逾期则会催葬，之后若再逾期，则由公所负责安葬。① 义殡公所明确了管理章程，特别是整顿了棺椁进出的秩序：凡是棺椁进出都要登记入册，每月月底由专人检查；凡棺椁进所，无论路途远近，工资划一，出所往乡则酌情定资。经过整顿，短期内暂殡者数量减少，但三年后又形成挤压，催葬频繁，公所附近预备的义葬之地基本用尽，后期交由崇善堂统筹管理。②

（三）新安义园

双林商业发达，吸引着全国各地的商人前来贸易、交流、投资和定居，他们在双林镇从事各行各业，为当地的经济发展做出了贡献，但由于距离家乡较远，他们往往无法及时回家探亲，甚至有些外地商人在双林镇客死他乡。最初，这些外乡人的遗体多被随意埋葬，或者被送到六和庵暂殡，等待家属前来领取，但由于信息不畅或者家属无力承担运送遗体的费用，很多外地商人的遗体就处于长期无人问津的状态，无法得到应有的尊重和安息。于是，早在乾隆年间（1736—1795），孙、吴、王、程、俞等十六家祖籍皆为安徽休宁的客商共同捐资购地，成立"新安义园"。新安义园负责收集和登记在双林镇过世的休宁人信息，并及时通知他们的家属，如果家属能够及时赶来

---

① 蔡蓉升，蔡蒙. 双林镇志：卷八：公所［M/OL］. 国学大师网，民国六年（1917）.
② 蔡蓉升，蔡蒙. 双林镇志：卷八：公所［M/OL］. 国学大师网，民国六年（1917）.

处理遗体，新安义园会提供相应的服务和协助，包括部分遗体运送津贴。如果家属无法及时赶来，新安义园会暂时代为保管遗体，并定期进行祭祀和清理。如果家属放弃了对遗体处理的权利，则由新安义园根据情况将其火化或埋葬，并在墓碑上刻上姓名和籍贯。可见，新安义园是一个集临时安葬、祭祀、领取、运送功能于一体的慈善机构，它的存在为休宁人提供了一个客死他乡后有尊严的遗体处理方式，也体现了休宁人之间的团结互助，以及他们对于家乡的深厚情感。为了保证其可持续运转，十六家客商共同出资，在市上购置五间店铺，以其年租作为葬费以及回籍津贴。直到道光年间（1821—1850），资费耗尽后，俞春敷、吴东樵等徽商继续筹措资金，并且重建新安义园，设前厅，供佛像，更改章程，规定凡徽州六县商人客死双林者皆可入殡。

（四）留婴公所

首先值得注意的是留婴与育婴的区别。传统社会，朝廷建制的育婴所多位于省府都市以及县城，须有相对规模化的房舍，雇乳母在育婴所内抚养婴儿。留婴则不同，它主要是一个临时抚养和中转机构，"本镇堂款有限，房屋不足，亦不能雇乳母。有婴儿至，则找人哺乳，多了就送到省城"①。双林镇留婴公所最初由乡绅沈氏筹资所建，具体筹建年代不详，因运

---

① 蔡蓉升，蔡蒙. 双林镇志：卷三十二：纪略·杂记·留婴记 [M/OL]. 国学大师网，民国六年（1917）.

营不善而长期废止。嘉庆十九年（1814），士绅沈春海捐资重新建留婴公所。至道光年间（1821—1850），随着弃婴数量的增多，经费不足。于是，主事者向镇上富绅以及各商店募捐，有富绅捐助田产200余亩，虽然一半以上都是下等田，但每年仍能收获不少粮食供售卖储存。商店则根据规模大小，日捐一钱或数钱，或二三十钱，五日一收，"收付皆有据，揭榜公示"①。

留婴公所设司事主持工作，司事按月轮值，不领薪水，每月初一、十五负责收支结账，主要工作有两项，一是要清点确认募捐款项数目，二是要给乳母付薪。乳母自领养弃婴始，给予领养凭证，每月须抱孩前往留婴公所验视，凭证给钱，正常是每月九百文，后来由于经费不足则减至六百文。咸丰十年（1860）冬，受太平天国运动的影响，留婴公所簿籍档案尽失，婴儿也死亡殆尽。直到同治二年（1863），乡绅施某"募得铺捐，修复房舍，抚婴二十余人"，但不幸的是，同治三年（1864）正月，太平军攻入双林，居民纷纷逃难，等战乱平息，访查留婴，活下来的只有十几人。其间，丝商贸易受到重创，各店铺捐赠终止，留婴公所事务开支并入善后局；善后局裁撤之后又并入丝绢局，每丝一包提钱二百文，为崇善堂、留婴公所共用。

---

① 蔡蓉升，蔡蒙．双林镇志：卷三十二：纪略·杂记·留婴记［M/OL］．国学大师网，民国六年（1917）．

受经费人力所限，留婴公所日常只是"被动"接受弃婴，为了弥补这一缺陷，鼓励社会各界参与救助弃婴，同治九年（1870），乡绅梁海帆等人募资创建拯婴会，规定凡是将婴儿送到留婴公所的人，可以得到一百钱和一斗米的补偿；每月初一、十五验视婴孩，尽心哺乳喂养者另赏钱二百。这里虽未明确记载尽心哺乳喂养的标准，但已经有了激励向善的意识，同时也反映出当时留婴、拯婴经费充足，或与朝廷重视和拨款有关。在镇压太平天国运动以后，清政府致力于恢复江南地区的社会生产和秩序，作为善后工作的重要一环，呼吁地方社会的配合和协助，集资重建育婴堂等各类慈善机构。在拯婴会的促使下，"派司事十四人，两人一值月，一切章程经费皆呈官存案，年终造册报销"①。

然而，清末社会的衰败和危机是不可逆转的趋势，即使太平天国运动被镇压后，社会暂时恢复了稳定，但这种局面并没有持续多久，至光绪十年（1884），留婴公所的经费再次陷入困境。"房屋多处塌陷，月给育婴费零凑勉支，司事沈谋一人主之，盖不循轮值旧章，沈殁，簿册无可稽，留婴事全荒。"②五年后，双林士绅蔡亦庄为留婴经费四处奔走，先是与镇上厘捐局委员商请，又辗转得到同乡京官以及省绅写的介绍书函，

① 蔡蓉升，蔡蒙. 双林镇志：卷三十二：纪略·杂记·留婴记［M/OL］. 国学大师网，民国六年（1917）.
② 蔡蓉升，蔡蒙. 双林镇志：卷三十二：纪略·杂记·留婴记［M/OL］. 国学大师网，民国六年（1917）.

最终呈请与牙厘总局，获拨"大宗丝捐"（具体数额不详），再加之留婴公所持有的田产、本地富户绅商的零星捐赠，日积月累，经费大为宽裕，留婴公所得以改建，"堂屋轮焕一新，规模远大于昔日"①，并且留婴所需花费之外，地方"一切修筑及慈善费皆得取给"②。经费既已充裕，地方富户绅士也不再畏惧司事轮值，于是，蔡亦庄即"告知县令牒请本镇殷户之能任事者充董事，按照旧章轮月掌管"③。轮值制比单一司事制具有明显的优势，它能够实现信息的公开透明以及决策的相对民主，出现问题可以及时发现并纠正，司事的替补更新也可避免因个人因素导致的事务中断或无法继续。基于这些优势，轮值制一直沿用到民国时期，即使在各类慈善机构的经费被自治公所接管后，轮值制仍然得以保留。这也反映了清末民初慈善领域的官民合作特征，即具体事务由公推的轮值制司事负责，而非由官方指派。

（五）粥厂赈济

我国自古自然灾害频发，粥厂是灾荒年份救济饥民的常见机构。一般而言，大城市设立粥厂的情况较为普遍，除赈灾以

① 蔡蓉升，蔡蒙. 双林镇志：卷三十二：纪略·杂记·留婴记［M/OL］. 国学大师网，民国六年（1917）.
② 蔡蓉升，蔡蒙. 双林镇志：卷三十二：纪略·杂记·留婴记［M/OL］. 国学大师网，民国六年（1917）.
③ 蔡蓉升，蔡蒙. 双林镇志：卷三十二：纪略·杂记·留婴记［M/OL］. 国学大师网，民国六年（1917）.

外，常用于济贫，在乡镇则只在遇灾时设立。为了节约开支，这些临时性的粥厂通常设在庙、庵等宗教性机构。

双林镇有记载的粥厂赈灾最早是在乾隆二十年（1755），因粮食歉收、米价昂贵，"镇之饿殍载道"①，乡绅富户捐资捐米，设粥厂于双林镇北护生庵赈济灾民，由于饥民众多，就食拥挤，有老弱病残者致死十三人。但此时的赈济还主要是士绅富户的民间行为，官府并未干预。直至嘉庆八年（1803）、十年（1805），双林连续遇到大饥荒，米价飞涨，乞讨者众，甚至发生了抢掠事件，特别是嘉庆十年（1805）四月，青黄不接，乞讨在市的饥民日达上万人，镇上富户乡绅日给米二十余石，仍不能满足需求，饥民为抢米毁墙破门而入的并不罕见。官府一方面对抢掠者进行镇压，维持秩序，同时也拨银参与赈济，这或许是官民合作的赈济模式下沉至乡镇层面的开端。因当时杭嘉湖三地均受灾，时任浙江巡抚阮文达上奏朝廷，请旨赈灾，"五月二十六日，浙省所属杭嘉湖之仁和、钱塘、海宁、归安等十五州县于藩库拨银十万两备赈"，"大吏运川米数十万石……官绅奉大吏谕，设粥厂于护生庵及岳庙，乡镇饥民纷至沓来"②。

此次赈济规模大，时间长，至七月初七撤厂，总计施粥三

---

① 蔡蓉升，蔡蒙. 双林镇志：卷三十二：纪略·杂记·赈济记［M/OL］. 国学大师网，民国六年（1917）.

② 蔡蓉升，蔡蒙. 双林镇志：卷三十二：纪略·杂记·赈济记［M/OL］. 国学大师网，民国六年（1917）.

十九日，按照"大口日给四合，小口减半"的标准，高峰时期日有饥民两万余人。粥厂的管理运营仍然采取官民合作的模式，官府在乡镇人力极为有限，为避免有人从中牟利，"委本地诚谨绅士董其事不经吏役之手"，并进行监督。整个过程虽然难以避免"里痞从中牟利"，但"任事者具恻隐之心，无敢营私"，事后主事的绅董司事也因"勤勉行事"得到官府嘉奖。① 当然，这并不意味着传统社会的粥厂赈济已经达到很高的水准，饥民因暑热至病至死、因拥挤而发生踩踏等悲剧时有发生。据民国《双林镇志》记载，嘉庆十年（1805）闰六月七日，由于天气炎热，厂门提早关闭，有千余人没有领到赈济。八日一早，有"东乡饥民天未亮便乘船出发，不幸沉溺，致二十一人死亡"②。

经过不断的实践，双林镇粥厂的赈济模式逐步得到优化，主要体现在以下三方面：一是官民并济且分工明确。至道光三年（1823）水灾、二十一年（1841）雪灾，均有赈济，这一阶段的官赈主要是发钱，"由地保编户给牌造册按月至城发银"③。民间赈济仍由富户士绅捐资捐米设粥厂赈济，赈灾标准仍按旧例，成人每日三合，未成年人减半，赈期为三月。二

---

① 蔡蓉升，蔡蒙.双林镇志：卷三十二：纪略·杂记·赈济记［M/OL］.国学大师网，民国六年（1917）.

② 蔡蓉升，蔡蒙.双林镇志：卷三十二：纪略·杂记·赈济记［M/OL］.国学大师网，民国六年（1917）.

③ 蔡蓉升，蔡蒙.双林镇志：卷三十二：纪略·杂记·赈济记［M/OL］.国学大师网，民国六年（1917）.

是划分赈济责任区域。道光二十九年（1849）遇到比道光三年更为严重的水灾，"乡民扶老携幼至镇强索，乡不限界，日益聚势汹汹，巨室典库皆戒严，不得已是给钱米"①。因此，除继续官民合作按旧例赈灾以外，为减轻赈济负担、避免灾民聚众闹事，这次的赈灾活动明确划分"责任区域"，双林镇只负责"本镇四栅及四乡庄，限其籍，乌程及远乡外庄者则归其地段户赈给，不得跨区"②。划分区域后的监督工作也变得简单，此次赈灾凡涉及赈捐数目，无论钱财还是粮米，以及赈济人口册籍全部呈报守令以备稽查。三是主事者中有人按月支取薪水，尽管遭到非议，但却是慈善活动中首次出现"支薪"记录。慈善活动只凭义务难以持久，正常支取薪水是慈善专业化的基础。然而，在传统社会中，慈善活动往往被视为富人的义举，而非普通人的职业，因此，慈善活动主办者领取薪酬很容易引起社会舆论的质疑和不满。并且，在赈灾过程中涉及钱粮数额巨大，传统社会的信息透明和监督机制尚不到位，时有利用赈灾牟取私人利益的现象发生，"薪水"与"谋私"不分，进一步阻碍了主事者正常支取薪水的合法性。此次承担赈灾事务的有数十人，其中有人赈灾后不久病亡，弥留之际自述"冥罚"，被认为是因赈灾获利而心虚所致，但究竟是否获利以及

---

① 蔡蓉升，蔡蒙. 双林镇志：卷三十二：纪略·杂记·赈济记［M/OL］. 国学大师网，民国六年（1917）.

② 蔡蓉升，蔡蒙. 双林镇志：卷三十二：纪略·杂记·赈济记［M/OL］. 国学大师网，民国六年（1917）.

获利为何并不可考。

（六）同善局与善后局

与粥厂一样，同善局、善后局也不是常设机构，它主要用于赈济太平天国运动期间的难民。湖州府因地处要道，成为太平军与清军的主要战场之一。咸丰十一年（1861），双林刚刚恢复"寇去民归"的平静，因房屋尽毁，绅富倡捐在南询院设立粥厂赈济，"施粥入故，一日两次，民赖以存活"①。不料同治元年（1862）五月，郡城湖州失守，郡人纷纷到双林避难，这无疑加大了双林镇的赈济负担。于是，逃难的湖州士绅倡议，"凡郡属富户在沪经商者皆捐资协济"②，筹措资金设立同善局，专用于收养难民。难民安置点有三处，一处在唐子湾，借双林郑、蔡、于姓等大户人家闲置的宅院安置难民；一处在中庵；一处在雨花庵三官殿郑两家的祠堂。男女难民分散安置，前期给粥，后改为给米，标准仍是"成人每日三合，未成年人减半"③。此外，同善局还要负责掩埋难民中的死难者尸骨，"有病死者棺殓之，其后死者日数十，费不给，则以芦席

---

① 蔡蓉升，蔡蒙．双林镇志：卷三十二：纪略·杂记·赈恤记［M/OL］．国学大师网，民国六年（1917）．

② 蔡蓉升，蔡蒙．双林镇志：卷三十二：纪略·杂记·赈恤记［M/OL］．国学大师网，民国六年（1917）．

③ 蔡蓉升，蔡蒙．双林镇志：卷三十二：纪略·杂记·赈恤记［M/OL］．国学大师网，民国六年（1917）．

卷埋，然尚分等类或仍用棺"①。无论粥米赈济还是掩埋费用，其绝大多数都取自湖州居上海丝茶业以及富人的捐赠，少量出自本地丝绢商的厘金。

同治甲子年（1864），太平天国运动平息之后，难民先后归，遂撤同善局设善后局，因南询院为匪所毁，于是便改在留婴堂，主要任务是为贫民发米，维持生计。善后局是"承官意"而设，但主要资金仍然靠乡绅富户捐赠。与往昔不同的是，清政府为镇压太平天国的庞大军事开支临时设立的厘金制并未取消，反而在镇上设立专门负责厘捐抽取的官局——丝绢局，商人在被抽取厘金之后再难有捐赠，在外经商的富户又很少归乡，导致善后局最终"费无所出"，于是"编查贫民，稍有生计的就不再给米，剩下的也减少三分之一给米"②，所需费用由丝绢局抽厘，每月初一、十五两次发放。同治丙寅年（1866），善后局撤销，抚恤救济相关事务并入丝绢公所，开启由行业协会商会承担慈善责任的新阶段。

（七）云近堂

又名敬老会，位于化成桥北，道光年间，乡绅潘荐浦捐地，蔡康伯、丁西霞等人捐资创建，定期为符合救助条件的老

---

① 蔡蓉升，蔡蒙. 双林镇志：卷三十二：纪略·杂记·赈恤记 [M/OL]. 国学大师网，民国六年（1917）.

② 蔡蓉升，蔡蒙. 双林镇志：卷三十二：纪略·杂记·赈恤记 [M/OL]. 国学大师网，民国六年（1917）.

人发放钱米；院内有堂有室有楼有轩，堂西原有一座小池塘，将其开阔加深后，"建水阁于其上，回廊窈窕，花木有神"，平日可供人休憩。除敬老会活动外，这里也是镇上居民"礼斗扶乩"的场所。①

（八）恤嫠

"恤嫠"即对寡妇的怜悯和救济。与建制府县设置的专门机构相比，双林的"恤嫠"更类似于是一种活动而不是常设机构，它没有固定的办公场所。道光年间（1821—1850），当地士绅悯念寡妇孤苦，于是访抚守节志坚又无依靠者，将她们登记在册，发给凭证，按照成人每日三合、未成年人每日半合的标准发给米粮，每月初一、十五凭证到崇善堂领取。后期改米粮为现金。经费仿照留婴公所、崇善堂的制度，向富户和商店的募捐，后来又有人捐赠田产，将米按照当年冬季米价卖给米行，用于第二年的现金发放②。太平天国运动之后，同治三年（1864），双林设善后局，恤嫠事务与崇善堂、留婴公所等各事局都并入善后局。两年后，善后局被撤，一切事务又并入丝绢公所。丝绢公所作为行业代表性组织，在近现代转型的过程中逐步开始承担公益慈善责任，并且重视管理和监督机制，要求所资助的慈善事业做到公开透明，接受监督。例如，丝绢公所

---

① 蔡蓉升，蔡蒙. 双林镇志：卷八：公所 ［M/OL］. 国学大师网，民国六年（1917）.

② 蔡蓉升，蔡蒙. 双林镇志：卷三十二：纪略·杂记·恤嫠记 ［M/OL］. 国学大师网，民国六年（1917）.

要求恤嫠事务不能像之前那样由一人专理，而是要建立轮值制度，每月两名司事，主一切收付，按月轮值，在财务方面不能有任何差池，并且逐次清查房屋田产，每年年底造册报销，账目要对外公示。可以说，行业代表性组织的慈善参与，从完善管理和监督等方面推动了我国传统慈善的第一次转型。

（九）惜字会

本质上是儒生"惜字""劝学"的组织，倡导人们不要乱扔有字的纸张，定期收集各种废纸、旧书，然后汇总火焚，纸灰投入江河。明清时期，惜字会颇为流行，有些还举办慈善活动，如安排老人、穷困者以及落魄的惜字书生进去避难，还有一些会收养流浪儿童，办义学供读不起书的孩童免费就读。相对而言，双林的惜字会功能比较单一，并未发现有从事慈善活动的相关记录，但惜字会在双林的确非常流行。早期惜字会有两处，一处在灵寿禅院，一处在斗姥阁，都建有焚纸炉，经费主要靠零星募捐，雇有专人捡拾、收取字纸，根据经费情况每斤给钱六或四。每月初一、十五焚纸包灰，随商贸船只运往上海投入黄浦江。道光二十七年（1847），乡绅汤云湄等人在云近堂再建焚纸炉，募集资金收焚字纸，可见当时惜字会的流行程度。咸丰十一年（1861），除灵寿禅院的惜字会得以保留外，另外两处都毁于兵乱。

三、超越地缘：参与主要商业城市的慈善活动

　　双林籍商人并不只在家乡栽培子弟、扶老恤孤，开展慈善活动，还在当时主要的商业城市积极参与慈善事业。其中一部分仍然是基于同乡、地缘关系的捐赠，如救济在外经商遇困的同乡，也为在外的同乡子弟提供教育等。1937 年，《申报》曾刊登双林籍在沪商人蔡仁抱等人发起同乡座谈会，凡逃难来沪的同乡都可得到援助。除此之外，在双林籍商人活跃的上海、杭州等地，一种超越血缘和地缘的慈善模式逐步发展起来，将慈善活动带入一个更高层次的发展阶段，比较知名的有蔡止穆、蔡仁抱父子以及沈子槎等人。

　　早在 1921 年，双林籍在沪商人蔡止穆（蔡仁抱的父亲）便加入俭德储蓄会劝导会，该会是近代上海公益储蓄会的代表，在激励民众储蓄的同时，宣扬俭德主义，并利用储金收益，举办文化教育、休闲娱乐等公益事业，是近代慈善事业转型的先驱。1935 年，热心社会公益的蔡止穆在上海因病逝世，他的儿子蔡仁抱、蔡六乘继续在慈善事业中扮演重要角色。尤其在抗战全面爆发后，上海沦为孤岛，租界内尚有数万无家可归的同胞生活濒于绝境，蔡仁抱成为难民救济的重要领袖，不仅创办惇信路第一难民收容所，还担任了上海救亡协会难民营收容组副主任，同时，他也是抗战遗族学校的董事。蔡仁抱所主办的惇信路第一难民收容所收容难民三万余名。他每天到所

监督管理，将该所建设成了全上海最优良的难民收容机构，宿舍、食堂、工厂、学校、医院以及救火队等一应俱全，被公认为模范收容所。

沈子槎同样是近代绸缎业的双林籍翘楚，除在上海开设大丰绸布庄以外，还大量收购山东、河南、上海、苏州、杭州一带丝绸开展对外贸易。1937 年，沈子槎与印度人合资，在香港开办了"永大行"。作为绸缎行业的领头人，沈子槎在各项社会公益和爱国运动中积极带头，抗战期间，曾数次掩护中共秘密工作的革命同志，资助革命事业，并在上海受到周恩来的接见。沈子槎还是古钱币收藏家，他收藏的历代钱币达 4000 余枚，这些钱币于 1960 年陆续整理分送给北京、上海、浙江以及湖州博物馆。①

第三节 市镇慈善的领域拓展：教育与社会公益

受实业救国思潮以及清末地方自治运动的影响，在传统慈善向近现代转型的背景下，以士绅与富商为主体的双林有识之士也开始了新的探索，注意力逐步从养老、育婴、施棺、施粥等养济型慈善模式转向授人以渔的教养结合型慈善模式，在镇

---

① 湖州市人民政府. 人物传记：沈子槎［EB/OL］. http：//www. huzhou. gov. cn/art/2008/11/27/art_ 1229213519_ 54800849. html.

上建立了丝绢公馆、蓉湖书院、崇善堂等新型慈善机构，通过教育、培训、就业等服务来帮助人们提高自身的能力和素质，以实现社会的发展和进步。近代双林慈善事业不仅救助贫困弱势群体，而且开始关注发展社会公益事业，改良社会环境。

一、丝绢商会与地方教育

双林丝绢业发达，作为绢商利益的代言人，双林丝绢商会成立较早，在公益慈善领域也承担了更大、更多的责任。双林丝绢商会是在传统行会的基础上发展起来的，在不同的阶段有不同的称谓。

旧公馆时期。早期双林的丝绢行业组织是按籍贯组成的各个会馆，如泾县会馆、金陵会馆、宁绍会馆等，其主要功能是联系乡谊，维护本籍人本行业的利益，并周济同乡、兴办公益事业等。其中规模最大的当属康熙年间（具体年份不详）设立的泾县会馆（又称旧公馆），由安徽泾县绢商朱、胡、洪、郑、汪五姓以及安徽旌德刘姓合资共建，位于积善桥北。除服务泾县、旌德籍绢商外，会馆还在长兴、泗安界设茶亭，每逢暑夏周济行人。泾县绢商主营绫绢，后来绫绢销路不好，会馆门可罗雀，泾县商人便将其出租为民宅。

新公馆时期。雍正丙午年（1726），双林众绢行共同出资在新绢巷筹建新公馆，新公馆建设极为气派，分前中后三殿，前堂前建有歌台，每年五月、九月均有戏曲表演，这既是丝绢行业的盛会，也是全镇人的重要娱乐活动。中堂有额匾"崇义楼"，匾额下供奉关羽神像，这体现了双林丝商的生意理念，也是一种商业信仰和约束。双林丝商希望自己能够崇尚义气，做正直诚信的商人，并以此保佑他们在商界生意兴隆和安全无虞。后堂有客舍供租赁以及管理人员居住。新公馆不仅是绢商们的商务和娱乐中心，也是丝绢交易的重要场所，每日上午，周边各乡村的绢农会把自己加工的丝绢带到新公馆前来销售，各绢庄的老板和伙计们也会准时到达，挑选和收购他们心仪的丝绢，以向外销售。

图 2-3　双林丝绢公馆戏台

注：戏台为双林绢业会馆所建，图为 1959 年湖州师专首批大学生文工团由湖州来到双林，为群众演出，盛况空前，黄晓帆摄于 1959 年 5 月 1 日。

丝绢公所与商务会所时期。新公馆在太平天国时遭到严重
破坏，光绪二十八年（1902），绢业董事沈肖严劝募同业者复
建丝绢公所，由于资金匮乏，沈肖严联合粗丝、拆丝两业共同
出资，在一定程度上增强了行业的代表性。光绪三十三年
（1907），在蔡松的推动下，将废弃的南询禅院改建，成立商务
分所，以"交换知识，联络商情，维持公益"。彼时，清政府
设立商部已有五年，颁布了相关的商业规章，令各城镇乡各立
商会，以发展工商企业。蔡松作为双林人，深感双林商情涣
散，且商界知识浅薄，因此成立商会"以商诸丝业董事"。商
会分所不仅包括绢业、锦绸业，还邀请了米业以及各典执业董
事，"通告各业召集会议五次，投票公推蔡松为总董"。蔡松因
任职于萧山学署，不能在本籍主持地方公益，于是"让位于次
多数票获得者张君申为总董，又公推沈肖严诸君为议董，呈请
商部注册颁发图证"①。

二、商立国民学校的捐建

商会分所不仅致力于本地丝绢商业的发展，而且在地方公
益慈善事业上也不遗余力，影响力最大的当属"商立国民学
校"的成立。民国元年（1912）三月，在俞玉书、蔡庆澜等
人的带动下，各丝商典商共同捐资，借商务分所为校舍，成立

---

①　蔡蓉升，蔡蒙．双林镇志：卷八：公所［M/OL］．国学大师网，民国六年（1917）．

商立国民学校，推蔡松为校长。这是一所免费的平民小学，目的是为当地贫家失学子弟提供受教育的机会。然而，仅靠地方商人财力有限，学校苦于"商捐数量较少，大概每年百五十银圆而已"，所幸第一年学生数量较少，"教员轮课，只领微薄薪水，差可敷衍"。但学校对平民子弟来者不拒，第三年，学生数量增加到七十余人，第四年，则增至百人，学校每年支出需四五百银圆，这时又恰逢第一次世界大战，受欧洲战场的影响，"丝商贸易暂停，无所捐赠，俞、蔡所募零星捐赠于民国四年（1916）停止"①。

如何维持学校开支是头等大事，校长蔡松各方奔走，先是与各丝业商请，将丝包捐"附加十六之一，由自治所经收转给学校"；又与各典当行商请，募得五家典当行每年共八十银圆的捐赠；再"急杭商之所急"，向镇上"捐局巡役"请求革除杭州丝商出双林镇卡的捐税，杭商感念，承诺所销丝包"每包捐一银圆之八"，在杭丝销路好的年份，所募款项能抵学校开支的一半以上。蔡松自述，"商立学堂始于本镇诸商，最终靠杭商运营几年，而中资于典商"②。

可以说，这是地方商业精英致力于教育事业的一次有益尝试，体现了他们的社会责任感和文化自觉。然而，由于当时社

---

① 蔡蓉升，蔡蒙. 双林镇志：卷七：学堂［M/OL］. 国学大师网，民国六年（1917）.

② 蔡蓉升，蔡蒙. 双林镇志：卷七：学堂［M/OL］. 国学大师网，民国六年（1917）.

会动荡不安，商业发展受到严重阻碍，商人们的财力日渐衰竭，无法支撑学校的正常运营。以校长蔡松为代表的热心教育人士虽然多方奔走筹款，但仍然难以维持学校的日常开支。这反映了社会转型时期，政府对教育投入不足、民间力量单薄、公益慈善事业面临极大困境的现实情况。由于缺乏具体数据，我们无法了解这所学校的后续发展情况，但可以肯定的是，公益慈善事业是受到时代背景和社会环境影响的历史现象，因而具有明显的时代特征和局限性。

1934 年，抗日战争全面爆发前，双林商会重新集资创建双林商益小学，位于墨浪河畔原留婴堂处，校董事长由商会会长郑同赓担任，陈杏荪、陈叔承、俞竹贤等人为校董，校长则由郑同赓夫人曹明权担任。1937 年抗日战争全面爆发后停办，1943 年复校。中华人民共和国成立前，商益小学是双林四所小学之一，校长仍为曹明权，教职工 8 人，学生 150 人左右。

三、蓉湖书院的初创与变迁

双林人历来重视文化教育，但双林书院的历史并不长，在同治八年（1869）以前，镇上教育基本依靠私塾。私塾分为义塾和普通私塾，义塾招收贫家子弟，经费出于典商、丝商；普通私塾一般设在祠堂或教师家中，设施相对简陋，所需学费不多，较受镇人欢迎。有钱人家则可以聘请塾师上门教授。双林私塾不仅普及率高，而且名师众多，极具教育水准，即便是在

图 2-4 双林商益小学的音乐课

注：照片由黄笃初摄于 1936 年。

书院以及其他各类学校创办之后，私塾仍长期与新式学堂并存。中华人民共和国成立前后，尚有凌巨风、费开城等诸多塾师在双林执教，这对后来教育的发展功不可没。

双林书院名曰"蓉湖"，因镇东织旋漾北多芙蓉而得名。书院始创于同治八年（1869），先是由县令雷乐山捐出自己的俸禄五百两银子作为倡导，镇上士绅李友兰、蔡蓉升、梁沅等十一人筹办，士绅以及富户慷慨解囊资助，张春镛捐地。书院长期运营费用由双林丝、米两业以及儒者捐款。同治八年（1869）五月十五日开学，学生近百人，其学习课程与私塾基本相同，延请郡绅沈菁士主讲，并聘其为山长，监院为蔡蓉升，董事有蔡蓉升、李有兰、梁沅、梁湘、吴种德、蔡元襄、蔡金相、蔡庆澜、蔡召棠、蔡召成、郑兴襄等人，后期由蔡召成担任监院。

图 2-5 双林蓉湖书院大门前部分师生员工合影

注：图片源于《双林镇志》，黄笃初摄。

清光绪二十八年（1902），皇帝诏书各城镇废科举，设学堂，监院蔡召成响应皇命，改蓉湖书院为蓉湖学堂，以原书院存款及息金作为学堂经费，聘教习，改司事为学董，监院改称校长，负责学务以及学校经费①。1915 年，蓉湖学堂改称为蓉

---

① 蔡蓉升，蔡蒙. 双林镇志：卷七：学堂［M/OL］. 国学大师网，民国六年（1917）.

湖国民学校，附属蓉湖高等小学，学校经费由双林自治公所支配①。学校至 1937 年抗日战争全面爆发而停办，校舍也在战争中遭拆毁。在动荡不安的转型时期，蓉湖学堂仍为国家培养了大量有用之才，如蔡声白、高敬基、沈炳麟、费新我、梁希、沈本瑛等都是该校学生。②

四、崇善堂：综合性慈善机构的创立与变迁

崇善堂在道光年间由郑祖琛创建，目标是打击双林镇附近乡民阻葬的风俗。阻葬本质上是一种迷信行为，乡民们认为死者的灵魂会影响活人的运势，所以要阻止他们入土为安，甚至发生敲诈勒索。阻葬现象导致很多良善之家不敢安葬死去的亲属。崇善堂成立后，通过宣传善行和道德伦理，组织队伍护送灵柩，与阻葬者进行斗争，来维护死者的尊严和社会秩序，以减少乡村间的纷争。为了实现这一目标，士绅们先是请知府发布告示，严禁阻葬，不分乌程、归安地界，一经发现阻葬者都要惩处。官府表明态度之后，双林士绅便在北庵召开会议，就经费捐赠等问题进行商讨，最后决定依照留婴堂的及例，有意捐赠的富户士绅每月捐资，兼向镇上商铺零星募捐，暂借留婴堂为办公地点。

由于清末江南地区停棺不葬者多，崇善堂便承担了掩埋无主

① 蔡蓉升，蔡蒙 . 双林镇志：卷七：学堂［M/OL］. 国学大师网，民国六年（1917）.
② 双林镇志编纂委员会 . 双林镇志［M］. 北京：方志出版社，2015：890.

之棺的任务，为此，一是重新修葺六和庵，以便暂殡者。为确保逝者能及时安葬，每逢清明、冬至，崇善堂都要清理庵内暂殡之棺，如确认为"无主之棺"，则代为下葬；若家属仍愿意自行安葬，则需要限期安葬。二是在湖州南部的横山买下数十亩山地，作为义冢。在日常管理中，如发现义冢有裸露的灵柩和尸骨，崇善堂也要及时进行修缮。三是对"无主之尸"的处理，一经发现，先交由官府验视，再仿照湖州善堂做法，由善堂负责及时安葬，并将相关信息公之于众。为了方便开展工作和节约开支，崇善堂雇有扛棺、敛尸，埋葬等不同工种，明确分工，各司其职，佣金也都明码标价。太平天国运动之后，为了统筹善后工作，崇善堂的相关事务逐步与留婴、恤嫠等各类慈善事务合办。

值得注意的是，"合办"的萌芽实际在崇善堂成立之初就已经出现，当时为了筹措崇善堂以及各类慈善事业的资金，双林部分士绅曾主张"凡本镇各善举，使萃一处，以免奇零之募集"。从"成本—效益"的角度，这的确可以提升资金募集的效率，当时也得到了多数士绅的支持，"第一日即集银七千余两"，但集中募集的弊端就是捐赠者需要一次性付出一大笔资金，有富户"吝而不捐，劝之再三，卒不允"，直至后来未捐者开始推诿，已承诺捐赠的人也开始观望，最后仍然延续旧例各自零星募捐。① 这里体现了市镇慈善的分化与整合，也体现

---

① 蔡蓉升，蔡蒙. 双林镇志：卷三十二：纪略·杂记·崇善堂记［M/OL］. 国学大师网，民国六年（1917）.

了慈善规则的演变，这通常不是借助外力，而是在实践中不断
尝试和缓慢转型的。

合办之后的崇善堂，逐渐从职能单一的慈善组织向综合性慈
善组织转型，统筹规划镇上的慈善资源并对接社会需求，不仅提
升了相关慈善活动的效率，更是集中了镇上一批士绅、富商等头
面人物，他们通过兴办地方慈善事业，巩固了自己的权力与权威
系统，除了扶老恤孤以外，崇善堂也成为联系官府与地方、维持
地方社会秩序的重要力量，其作用与功能远超一般慈善组织。

图 2-6　双林东岳庙内灾民求食

注：黄笃初摄于 1932 年 7 月 13 日。

在蔡召成的主持下，双林许多地方性事务都是以崇善堂的
名义进行的，例如，最初官府宣布关于夜会的禁令就是在崇善
堂。光绪二十六年（1900）三月，一年一度的东岳庙会如期举
行，庙会白天有游神赛会的活动，夜间则以观戏、赏灯为主

题。由于往年夜会经常会有"淫亵戏"和斗殴等现象发生，知县肖治辉出于安全考虑，想禁止夜会，但他本人并没有直接出面，而是通过发布谕帖，交给崇善堂的绅董代为宣誓。显然，这一禁令没有引起夜会组织者的重视，游神活动进行到第三天，组织者便以迎神队伍要游历四栅，白天无法结束为由，一直持续到晚上，这就客观上造成了夜会的事实。这一行为引起镇上士绅尤其是崇善堂主事者蔡召成的不满。第四天，当游神队伍路过蔡家时，蔡家子弟不愿意他们在门前喧闹，与游神队伍发生冲突，导致游神会众大怒，对蔡家进行围攻，向院内投掷砖石，焚烧蔡家大门，整个冲突持续四小时之久。最后，案件拖了一个多月，才在蔡家的压力下发生了转折，官府明确判定永禁夜会，蔡家的房屋由会众修理，由崇善堂重新召集会首通告禁止夜会，恢复了崇善堂的地位和声望。

　　崇善堂成为地方秩序实际管理机构的另一标志性事件是辛亥光复之际的"民团自保"行动。双林虽处在革命旋涡中心之外，但如何在动荡的局势下维护地方安宁，最大限度地保护地方利益则颇费周折。当时，消息猝然传来，蔡蒙便前往崇善堂召集士绅，希望大家立即准备，并对聚集在门外的镇民安抚说："凡本镇人宜各为本镇尽义务，第请沿途相告……善堂一切布置，自安然无事矣。"① 然后一方面派人到杭州、上海购

---

　　① 蔡蓉升，蔡蒙. 双林镇志：卷三十二：纪略·杂记·崇善堂记［M/OL］. 国学大师网，民国六年（1917）.

买枪支弹药，充实民团装备；另一方面把厘捐局的会计叫到善堂来，以厘捐充作民团经费，民团立刻分队出巡，并通知巡防营的兵勇前去防守，维持治安。

图 2-7　双林东岳庙旧影

注：黄笃初摄于 1932 年 10 月 2 日。

　　在那个特殊的动荡时期，崇善堂和主事士绅们所从事的活动早已远超公益慈善的范围，这也是传统慈善第一次转型所面临的时代背景。如果说传统慈善主要以"小共同体"和扶危济困为主题，那么，伴随整个社会的近现代转型，以这些既具有科举功名，又与工商业利益密切相关的地方士绅为主体的慈善家们，不得不将慈善事业与地方自治、地方社会发展紧密联系、统筹协调。这无疑为市镇慈善事业注入了公益精神，为小共同体慈善向大慈善的转型奠定了社会与民情基础。

五、仅存两年的双林公共图书馆

近代以来，由于国家内部的动荡与外部的压力，部分具有远见卓识的个体选择了通过实业和教育来推动国家的复兴。在1922年，旅居上海的双林人创立了《双星》杂志，该杂志成为双林籍旅外精英为家乡发展贡献智慧的重要舆论平台。1923年3月，旅京青年徐望之为《双星》杂志撰写了一篇题为《拟创立双林公共图书馆商榷书》的文章。① 在文中，他深入剖析了当时学校教育的局限性，并强调图书馆作为学校教育补充的重要角色，同时，徐望之引用"欧美各国图书馆遍布都市城乡"的实例，指出了图书馆对于社会进步的重要性。

针对当时双林镇居民在知识追求上的不足和道德沦丧的现象，图书馆的筹办者认为，书籍中的知识虽见效缓慢，但其对思想和观念的潜在影响是巨大的，不仅能够改善个人和家庭，还能对整个社会和国家产生深远影响。这一观点体现了"授人以鱼不如授人以渔"的长远慈善理念。此外，徐望之还详细探讨了创建图书馆所需面对的关键任务，包括资金的筹集和图书的捐赠。此商榷书迅速得到了旅居上海的双林籍民主实业家高敬基等人的积极响应，他们期待公共图书馆的设立能够成为改良双林镇社会风尚的有力工具。

---

① 李仲眉. 最早以"公共"冠名的乡镇图书馆：湖州双林公共图书馆考述 [J]. 图书馆研究与工作, 2007 (4): 68-70.

1924 年，江浙地区战事平息之后，位于双林镇的"公产"原义殡所经过修缮，转型为济生会。当时，高敬基恰好返回镇上，他观察到这里的地理位置和建筑结构，认为其作为图书馆馆舍极为合适，并且也符合"以公地而为公事"的公益原则。① 因此，他迅速行动，首先通过镇上开明的绅士郑同赓先生，取得了原义殡所创立人蔡原青先生的同意。随后，他与济生会进行了深入的协商和讨论。在黄吟秋、沈澄墅、高念慈、吴钦成等镇上人士的积极斡旋下，济生会最终同意将原义殡所的第一进房屋"划充为图书馆址"②，为双林镇的文化教育事业发展贡献力量。

在图书馆馆址得以确定之后，紧接着核心任务便转向了募捐活动。高敬基迅速返回上海，与沪上以及各地乡亲联络，组织募捐团，募捐团以双林镇的桥名命名，共设 16 支分队。此举得到了双林镇以及各地热心公益的人士的积极响应。例如，高敬基表弟汪冶斋率先认捐了三百元作为图书馆的开办费用；顾泉生则"首捐巨款四百元"，为图书馆的筹建提供了重要资金支持。捐书者以李次九家李荫德堂所赠书籍最多，共有 2841 册。此外，徐望之也慷慨地将先贤徐次舟数十年间精心搜集的

---

① 范国荣．双林公共图书馆的创立及其启示［J］．图书馆研究与工作，2015（1）：13-15.
② 范国荣．双林公共图书馆的创立及其启示［J］．图书馆研究与工作，2015（1）：13-15.

藏书借予图书馆①，以供公众使用，进一步丰富了图书馆的藏书资源。

为了顺利推进各项工作，1925 年，热心公益的人士在上海集结，召开了首次募捐人会议。此次会议共有八位参与者，经过深入的讨论与协商，会议最终选定了三名成员组成书籍审查委员会，并任命一名临时经济保管委员。同时，会议还明确设定了募捐资金总额的目标，确定了已募款项交由经济保管委员管理，以及将应购书单提交给审查委员会的具体时间，并对单位援助的接洽等事务进行了细致的规划。随后，书籍审查委员会审议决定，由高敬基先生负责商务印书馆和中华书局书籍的采购工作。在随后召开的双林图书馆的筹备会议上，进一步讨论并确定了图书馆组织委员会以及筹备执行委员会的名单，其中高敬基先生被选为委员会主席。委员会负责起草图书馆的简章以及一系列详细的管理规定。

经过一系列的筹备工作，1926 年 6 月，图书馆正式对外开放。初期，图书馆藏书已逾 4000 册，其中还特别设置了儿童图书专区，以满足不同年龄读者的阅读需求。在运营过程中，双林公共图书馆采取了专业化的管理措施：一是聘请专职管理人员，依据杜氏分类法，对馆内 4000 余册图书进行了系统的目录编制，并刊印了《双林公共图书馆图书目录》。在借阅管

---

① 范国荣. 双林公共图书馆的创立及其启示［J］. 图书馆研究与工作，2015（1）：13-15.

理上，图书馆采取了"先保后借"的原则，借阅者需先提供由可靠商户填写的保证书以换取借书证，且办证过程不收取任何费用。借阅图书则采用"存押款值，限期归还，返其押金"①的方式，确保了图书的流通与回收。二是根据乡镇民众的职业特性调整开放时间，选择每周6天，每天下午的1时至6时对外开放，以满足民众空闲时间的阅读需求。三是图书馆采用会员制管理模式，所有赞助人均为会员，并由会员推选产生由11人组成的委员会，在委员会中再选出常务委员。委员会负责图书馆的整体运营规划、基金保管以及管理员的聘任等工作；而常务委员则负责监督管理员、选购书籍等具体事务。

双林公共图书馆的筹办工作得到了官方的认可与支持，在筹备阶段，创办人"曾请愿于地方当局，已蒙许可，将图书馆常费列入预算案"。当然，图书馆的主要经费仍依赖于社会捐助。为了提高运营的可持续性，图书馆将捐助金作为指定基金，以基金的利息作为主要经济来源，同时向会员收取每年"纳常费洋六角"的会费。② 这一系列举措不仅展示了当时公益慈善领域的专业水准，也是慈善事业近代化转型中的一次重要探索。然而，由于大环境的限制，图书馆在经费和人员方面很快面临困境，最终在开办不到两年的时间里被迫停办。

---

① 李仲眉. 最早以"公共"冠名的乡镇图书馆：湖州双林公共图书馆考述 [J]. 图书馆研究与工作，2007（4）：68-70.
② 李仲眉. 最早以"公共"冠名的乡镇图书馆：湖州双林公共图书馆考述 [J]. 图书馆研究与工作，2007（4）：68-70.

六、其他地方公益事业

(一) 公益清洁所

清宣统三年（1911）之前，双林的街道清理、大粪处置、河道清淤等卫生工作均无组织。街道主要由各门店、大户人家自行清扫；大粪倾倒由大缸囤之，农民上街取做肥料。河道清淤工作虽清廷颁布了《河道法令》，"无论要道官河，不准填塞铺排树木等类。即在旷野河荡，若有愿纳税银，在河面营业，如种菱芡筑鱼之类，须等三月之后确无人控告不便，方准入册"①，但因执行不力，仍然经常发生河道淤塞，影响船只通行以及日常用水。

1911 年，双林镇上成立了一家以经营大粪为业的肥料行。1917 年，蔡蒙倡议成立清洁所，由肥料行出资，自治公所招人承办，负责清理街道、河道，维修路灯，另立章程，以维持公益，即定名公益清洁所。②

(二) 救火队

双林镇有规模不小的油坊加工业，集中在油车弄一带，油坊工人俗称"油坊博士"，人数逾百，他们大都来自江宁地区。开油坊最怕火患，作为"外来务工者"，油坊博士们很快组成

---

①　双林镇志编纂委员会. 双林镇志 [M]. 北京：方志出版社，2015：1057.
②　双林镇志编纂委员会. 双林镇志 [M]. 北京：方志出版社，2015：1058.

消防互助队，称"救灾水龙"。救火队还承担了镇上的救火任务，民国版《双林镇志》有记，"市有火灾，博士任救甚力，涉高入险，虽损伤殒命不悔，亦以此居功而骄"①。救火队每年还借五月十三日关帝"磨刀雨"之日出来大规模演习，形成当地颇有影响的节日活动，也成为油坊行业展示自己实力的机会。

第四节　双林市镇慈善的典型特征

一、现代慈善的雏形

现代慈善通常指的是组织化、专业化的慈善活动。双林市镇慈善的发展过程中，尽管其规模和形式仍然有明显的本土化色彩，但已具备了现代慈善的雏形。

首先，双林市镇在组织化方面取得了显著进展。最初，该地区的慈善活动主要依赖于个人和家族的零星捐赠。然而，随着社会的变革与慈善需求的增加，双林市镇慈善活动逐渐由个体化向组织化、专业化和规范化方向发展。具体而言，慈善捐赠不再仅仅依赖个人的慷慨解囊，而逐步转向更加有序的动员

---

① 蔡蓉升，蔡蒙．双林镇志：卷八：公所［M/OL］．国学大师网，民国六年（1917）．

阶段。镇上的义殡、留婴、学堂等诸多慈善活动都由专人负责，计划性地向镇上商户、乡绅募集资金。在此过程中，"专款专用"和"公开透明"逐渐成为惯例，资金筹集和使用均张榜公示。由此，慈善活动的管理也逐步规范化、专业化，出现了专职受薪人员和司事、司董的职务分类，并进一步明确组织架构和财务监督机制，确保慈善资金的有效使用。

二是慈善领域的拓展。随着社会的进步和慈善需求的多样化，双林市镇慈善逐渐不再局限于传统的济贫救助，而是开始关注教育、文化等社会服务领域，逐步形成了跨越传统边界的"广义慈善"概念。这一时期，以乡绅和丝绢商会为参与主体，双林镇先后出现了蓉湖书院、商立国民学校等教育机构以及崇善堂等兼顾地方社会治安和秩序维护的综合性地方自治机构。广义慈善的兴起有助于推动慈善事业从短期的救助模式转向长期的社会服务力量。

三是市镇慈善在一定程度上超越了传统的地缘和血缘限制，逐渐向更广阔的社会空间拓展。外出经商的商人和流动人口的加入，使得市镇慈善的活动区域不断扩展，跨越地域界限的慈善活动展示了更广泛的社会参与和影响力，也意味着封闭性、小范围的传统慈善开始走向更为公开和规范的现代组织化慈善。

二、草根性与社区嵌入性

在向现代化转型的过程中，与由政府或士绅主导的较大规模慈善相比，市镇慈善由于规模较小、局限在地域范围内，具备更强的草根性与社区嵌入性。

从慈善参与主体的角度，双林市镇慈善的核心力量是乡绅和富户等地方精英。明清以来，江南地区社会矛盾激化，社会冲突加剧，政府管理地方社会事务的能力削弱，为民间力量的参与提供了更多机会。因此，尽管官府大力扶持慈善事业、倡导官绅商民多方共济以扩大慈善范围，但在市镇慈善层面，主要的推动力量仍然是地方精英，他们不仅承担了慈善资金筹集的重要任务，还直接管理和监督慈善机构与慈善活动，体现了慈善活动的草根性，也体现了地方社会的自治能力。

其次，由地方精英领导和参与的慈善活动，往往与当地紧迫性的社会需求相关。他们设立的善堂、学校等机构与当地居民的日常生活紧密关联，慈善活动植根于地方社会文化之中，捐赠人与受益人之间也有着较为频繁的互动和情感联系，从而增强了慈善活动的亲和力和社会接纳度。

三、地方化管理和社会治理功能

由于规模小且由地方精英直接管理，双林市镇慈善体现出强烈的地方化管理特征。这种管理方式不仅优化了慈善资源的利用效率，还强化了地方社会的灵活应对能力，凸显其在社会治理中的重要作用。

一方面，地方化管理在慈善资源的筹集和分配上减少了冗余流程，提升了响应速度和效率。在面临危机时，本地资源能够迅速动员，形成高度针对性的救助模式。例如，在双林镇历史上曾发生周边地区同时遭遇灾难、大批外地难民涌入的情况。双林地方精英迅速组织募捐，并与湖州等地乡绅联动，倡议动员外地富商或未受灾的在外经商者捐资共济。当双林本地的资源逐渐耗尽时，地方精英果断调整策略，将援助范围缩小至本地民众。这一"因地制宜"的地方化管理策略，虽然限制了跨区域协作的效度，但却更贴近本地需求，确保了有限资源的高效分配，增强了地方社会的凝聚力和稳定性。

另一方面，双林市镇慈善不仅是资源分配的工具，更是社会治理的有效手段。通过乡绅的主持和普通民众的参与，慈善活动将地方传统和道德价值转化为实际行动，既缓解了灾难和贫困引发的社会矛盾，也为维系地方秩序提供了文化基础。这种将资源分配与价值整合相结合的慈善实践，展现了市镇社会治理的灵活性与文化深度，使慈善活动成为地方社会稳定与和谐的重要保障。

第三章

双林当代慈善事业的传承与创新

中华人民共和国成立初期，我国慈善事业曾一度中断，直到改革开放以来，伴随国家在各个领域的现代化探索和实践，慈善事业也经历了复苏、管控、规范管理、大众化和法治化等发展历程①。在过去40多年中，我国慈善经历了从小慈善到大慈善、从传统慈善到现代慈善的转型发展，慈善事业的现代化之路既有基于传统文化的传承与创新，也是伴随国家发展战略的变迁而逐步展开的。当下，实现共同富裕已成为国家发展的重要战略目标，在新时代国家发展战略下，慈善事业不仅是社会保障体系的有机组成部分，而且成为基本经济制度、社会治理制度的组成部分，是推进共同富裕和社会治理创新的重要力量。

在党和国家的引领下，我国现代慈善事业已经取得了长足

---

① 徐道稳. 改革开放以来中国慈善事业的转型：以国家发展战略为分析视角[J]. 社会科学，2021（1）：66-76.

进步，这不仅表现为慈善组织数量的显著增长、慈善活动领域的不断拓展、慈善服务形式的多样化以及相关政策支持体系的完善等方面，还体现在乡镇慈善的快速发展。当前，多地建立了以街道（乡镇）慈善工作站为核心，以社会工作站为桥梁，以村（居）社区慈善基金（会）为触角的三级慈善组织网络；活跃在乡镇基层社会的各类慈善组织也逐渐形成规模。

乡镇慈善的快速发展，其深远意义远不止于慈善资源的有效下沉与配置。它首先是对乡村振兴战略的积极响应与有力支撑，通过精准对接乡村社会的实际需求，助力解决教育、医疗、养老等民生问题，乡镇慈善是缓解社会不平等、提升民生福祉的直接手段，更是推动区域性共同富裕的关键力量。其次，乡镇慈善还是培育公民意识、增强社会凝聚力与向心力的重要场域。在参与慈善活动的过程中，人们的社会责任感与奉献精神得到激发与提升，"人人向善、人人行善"的社会风尚为社会主义核心价值观的构建注入强大动力。

以现代慈善事业推动共同富裕，需要大量立足于乡镇、社区的慈善活动。相比近年来以专业化的慈善组织为载体发展起来的城市慈善事业，乡镇慈善在基层组织能力、慈善组织发展等方面仍然与城市有着较大差距，并且，乡镇慈善植根于本土文化土壤，在相对局限的地域范围和社会关系中展开，这些特性意味着乡镇慈善的发展不能简单地生搬硬套规范化、专业化的现代慈善模式。本章主要阐述了双林镇慈善事业的发展概貌：通过深入挖掘本土慈善资源，强化基层组织能力建设，双林镇正逐步构建起一个充满生机活力的乡镇慈善生态系统。通过强化政府引导与民间参与的协同作用，双林镇有效激发了社会各界参与慈善的热情与创造力，促进了慈善资源的有效整合与高效利用。双林镇慈善事业的发展实践，不仅是对传统慈善理念的传承与发扬，更是对现代慈善管理机制与运作模式的积极探索与创新。

第一节　当代双林慈善事业发展概况

一、慈善组织管理体系的完善

推进乡镇（街道）慈善分会、村（社区）慈善工作站规范化建设是新时代慈善事业高质量发展的题中之义。2020 年以来，浙江省慈善联合总会连续三年开展示范慈善分会、示范慈善工作站的评选活动①，以推动基层慈善网络的完善。2021年，湖州市民政局发布《加快推进慈善事业高质量发展的实施意见（征求意见稿）》，以构建新时代慈善事业发展新格局为目标，夯实基层慈善平台，推动慈善组织向乡镇（街道）、村

---

① 关于命名第三批省级示范慈善分会、示范慈善工作站的决定［EB/OL］．浙江省慈善联合总会，2022-12-07．

（社区）覆盖，并在德清召开深入推进基层慈善基金（机构）建设工作现场会，重点交流学习村（社）慈善基金建设、村民慈善捐助、慈善文化阵地建设的相关经验①。

在省、市、区各级政府的重视和推动下，双林镇慈善组织管理体系日益完善。体现在纵向组织结构上，早在 2009 年，在南浔区慈善总会的指导下，双林镇慈善分会成立，在此基础上，2018 年，双林镇在全镇 34 个村社都建立了村社慈善工作站。体现在横向部门联络上，依托南浔区慈善总会，双林镇慈善分会与组织、教育、卫健、残联等多部门联动，相继成立"双林镇教育慈善分会""双林镇卫生健康慈善分会""党员关爱基金""退役军人关爱基金""残疾人关爱基金""司法救助共富基金"等慈善分支机构或特色慈善基金，专项推进教育、卫健、残疾人等不同领域的慈善工作。简言之，双林镇建立了纵向到底、横向到边的慈善网络，积极落实南浔区慈善总会出台的《慈善助力共同富裕专项资金管理办法》《慈善总会各镇（街道）慈善分会资金管理办法》等文件，全流程规范慈善资金和捐赠物资管理，完善慈善服务运行机制。

二、慈善资金募集规模化与支出精准化

双林镇慈善网络的完善有效激发了基层慈善活力，特别是

---

① 全市深入推进基层慈善基金（机构）建设工作现场会在德清召开［EB/OL］.湖州市民政局，2021-04-28.

形成了既抓"龙头大户"又抓"千家万户"的慈善筹募机制，多措并举有效拓宽慈善资金来源，提升了资金募集能力。一方面，双林镇积极鼓励企业、个人和社会组织设立定向冠名慈善基金，如长辉杯奖学金、兴盛教育基金、蔡崇信奖学金等，为慈善事业提供了稳定的资金支持；2023 年，双林镇慈善冠名 25 万元以上的企业 15 家，其中 50 万元以上的企业 8 家①。另一方面，双林镇积极创新募捐方式，充分利用"慈善一日捐""99 公益日"等慈善形式，广泛动员社会各界参与慈善捐赠。2019 年以来，双林累计募集各类慈善资金 2488.76 万元。其中，规上企业募集 2372.74 万元，占比 95.3%。2021 年，双林获湖州市乡镇（街道）慈善分会慈善捐赠奖。

在慈善支出方面，双林镇坚持"精准助困、高效使用"的原则，将慈善资金与民政救助有效衔接，实施"六无六有"（学无忧、业无忧、居无忧、行无忧、水电无忧、用无忧，险有免、产有扶、病有助、梦有圆、教有伴、残有助）综合救助体系，主要用于医疗、教育、住房、就业等专项救助领域，确保了慈善资金能够真正惠及困难群众。以"学无忧"为例，自"六无六有"综合救助实施以来，双林镇"幸福南浔·学无忧"累计救助在册低收入家庭从幼儿园到大学阶段的适龄儿

① 据访谈资料整理。访谈地点：双林镇慈善分会。访谈日期：2023 年 6 月 18 日。

童、学生 117 人次，发放补助金 33.55 万元①。五年来，双林镇慈善资金支出共计 1222 万元。其中发放救助金 969 万元，救助 3000 人次②。

三、慈善项目与品牌建设成效显著

在双林镇政府和社会各界的努力下，双林镇的慈善项目及慈善品牌建设取得了一系列的成绩，具体体现在以下三方面。一是党建引领创新项目成果显著，以"三桥先锋志愿服务队"和"爱与共富同行党建联盟"为代表的党建引领项目，通过党员先锋的示范带头作用，深入社区、农村，开展扶贫帮困、环境整治、助老助残等多样化志愿服务，有效提升了居民的幸福感和获得感。二是本地企业与基金会积极响应，设立了"长辉杯奖学金"和"兴盛教育基金""蔡崇信奖学金"，推出了多样化的助学项目和奖学金品牌。这些项目不仅缓解了家庭经济压力，更激发了师生投入学习的热情，助力当地教育事业发展。三是文化、教育等基础设施建设，虹桥弄蔡宅的修缮与开放，为当地居民提供了展示双林人文历史、乡贤文化的平台；蔡崇信体育馆的建成，丰富了当地居民和学生的体育生活，促

①　据访谈资料整理。访谈地点：双林镇慈善分会。访谈日期：2023 年 6 月 18 日。
②　据访谈资料整理。访谈地点：双林镇慈善分会。访谈日期：2023 年 6 月 18 日。

进了全民体育运动的发展。

双林镇慈善项目与慈善品牌的建设，不仅是对当地社会福祉的重要贡献，也是衡量该镇慈善事业发展水平的重要标志。这些努力不仅促进了资源的有效配置，增强了社区凝聚力，也有助于提升公众对于慈善事业的认知与参与度。

四、慈善文化宣传与氛围营造深入

慈善活动的开展、慈善文化的传播需要依托一定的载体进行。为此，双林镇积极参与湖州市慈善总会推出的"百千慈善文化实践（示范）基地"创建活动，目前，双林庆同小学、双林镇青少年文化教育基地、黄龙兜村慈善工作站等3家机构已被授予慈善文化实践基地奖牌。

慈善文化实践（示范）基地创造了让人们近距离、亲身参与慈善活动的机会。结合中华慈善日、慈善宣传月、慈善一日捐等活动，以慈善文化实践（示范）基地为依托，开展慈善文化"六进"（进机关、进企业、进学校、进社区、进农村、进家庭）等主题活动，通过义演、义卖、义诊和法律咨询等慈善服务，普及慈善理念，弘扬慈善文化，努力营造人人心怀慈善、人人参与慈善、人人受惠慈善的全民慈善氛围。随着人们慈善意识的提升，更多的居民参与到慈善活动中来，慈善文化实践（示范）基地可以有效动员和协调各方力量，起到整合社会资源，探索和创新慈善模式，打造慈善品牌的效果，这反过来又会带动更多的资源向慈善事业聚集，从而推动整个社会的发展和进步。

第二节　当代双林慈善事业的重点领域

一、社区慈善事业的发展

伴随社会治理重心向基层下移，社区治理的重要性日益突出。以提升社区治理能力、建设"共建共治共享"的社区治理共同体为目标，坚持党建引领，发挥社区居委会的组织作用，以社区为平台、以社会工作者为支撑、以社区社会组织为载体、以社区志愿者为辅助、以社区公益慈善资源为补充的"五社联动"机制在全国范围内得到推广。有效推进慈善资源融入基层社会治理，是加强基层社会治理体系和治理能力现代化的题中之义。近几年来，许多地方对社区慈善进行了探索，社区基金会、社区慈善基金、社区慈善超市、社区慈善工作站等社区慈善载体遍地开花。

双林镇注重社区慈善的发展，突出表现在积极推动慈善资源、慈善文化进社区，在村社普及慈善工作站，引导社会组织向城乡社区下沉，并依托志愿服务、专业社工服务不断挖掘、培育社区公益达人和社区社会组织，动员更多社区居民参与到慈善议题和社区慈善项目中。

一是村社慈善工作站的普及及村级慈善帮扶基金的建立。作为基层慈善工作的载体，村社工作站一般设立在村或社区，承担着慈善资源的整合、分配和服务提供的任务，是连接慈善组织与基层群众的桥梁和纽带。双林镇第一家慈善工作站也是南浔区首家慈善工作站成立于 2012 年的黄龙兜村，当年即募集慈善资金 50 余万元。2021 年，该慈善工作站荣获第二批省级示范慈善工作站。2018 年起，双林镇在全镇 34 个村社全部建立村社慈善工作站，由各村（社区）委员会自行安排办公用房，配备相应办公设施，悬挂慈善分会、慈善工作站牌子①。村社慈善工作站成立之后积极动员慈善募捐活动，村社募集的慈善资金在区慈善总会账面达到 20 万元及以上，且村民户参与捐赠和村内企业捐赠参与率达到 80% 以上，可向区慈善总会申请设立村慈善帮扶基金。区慈善总会对于 20 万～50 万元之间的村慈善帮扶基金给予 30% 的配套资金，达到 50 万元以上的给予 40% 的配套资金，配套资金和基金本金合并为慈善总基金，区慈善总会确保村每年按照慈善总基金年利的 6% 提取帮扶资金，用于资助该村的慈善救助资助活动。目前，双林镇已经成立 10 个村慈善帮扶基金②。一般来说，慈善帮扶资金的发

① 据访谈资料整理。访谈地点：双林镇慈善分会。访谈日期：2023 年 6 月 18 日。

② 据访谈资料整理。访谈地点：双林镇慈善分会。访谈日期：2023 年 6 月 18 日。

放可与民政领域的救助工作紧密结合，包括对低收入群体（低保、低边、特困、支出型贫困）的帮困帮扶，如开展低收入群众春节慰问、慈善关爱送万家等活动。各村社建立村（社区）慈善工作站以后，双林镇救助信息的收集与资金的发放变得更加便捷。

二是引入专业社会组织开展幸福邻里建设。引入专业社会组织开展社区服务。幸福邻里中心建设是湖州创新基层治理模式，激发社会内生活力，打造城乡社区和谐共治的"金名片"。自2018年全市范围内启动幸福邻里建设以来，湖州市幸福邻里中心于2020年年底实现了全市乡镇（街道）全覆盖，并继续往乡村拓展。① 湖州市幸福邻里中心以服务居民、协商议事、组织培育为基本功能定位，通过统筹阵地建设，优化重组空间，将党群服务中心、新时代文明实践中心、文化礼堂、居家养老服务照料中心等场所整合融入，有效破解城乡社区治理部门服务设施碎片化、社会资源零散化等难题，构建"党建+便民"融合体，提升城乡社区服务整体水平。

双林镇幸福邻里中心2020年投入使用，由南浔区晨光社会工作服务中心负责运营。作为镇级的幸福邻里中心，南浔区、双林镇两级政府共同出资30万元购买晨光社会工作服务中心的服务，每年标的30万元，有3名专职社工提供服务，

---

① 湖州四举措推进"幸福邻里中心"治理规范，助力共同富裕绿色样本建设[EB/OL]. 湖州市审计局，2022-08-01.

服务范围涵盖 5 个社区。此外，在双林镇黄龙兜村、勤裕村也设立了村级幸福邻里中心。湖州市自 2020 年起每年对幸福邻里中心开展星级评定，并根据评定结果予以奖补，奖补经费根据邻里中心的级别在 2 万~8 万元之间。双林镇幸福邻里中心于 2021 年被评为三星级，2022 年、2023 年均被评为五星级邻里中心。①

　　双林镇幸福邻里中心的主要工作内容包括三方面。一是组织开展富有特色的社区活动，主要依托传统节日和各类主题，传承和弘扬传统文化，为社区居民提供交流和互动的机会，增进友谊和社区凝聚力。二是参与社区治理，每年确定 1~2 项民生关注的热点事项，依托邻里议事会、居民会客厅、乡贤参事会等载体，社区"两委"、业委会、物业、社会组织、居民代表等齐聚一堂，共同讨论协商治理事务。三是挖掘居民骨干，培育社会组织，实现共建共治共享。专职社工在各类活动中发现和挖掘居民骨干，动员有热情、有时间、有特长的居民组建兴趣小组，将党员志愿者、家园志愿者、居民志愿者科学嵌入到各项服务活动中，让人人参与社区建设和社区治理变成现实。

---

① 据访谈资料整理。访谈地点：南浔区晨光社会工作服务中心。访谈日期：2023 年 8 月 17 日。

二、志愿服务事业的发展

自 2017 年《志愿服务条例》实施以来，志愿服务成为慈善服务的主要途径。自 2021 年起，南浔区依托各级新时代文明实践基地，首先在全国范围内构筑起区、镇、村三级全覆盖的志愿服务组织体系，并在各镇建立水晶晶家园志愿广场，打造"15 分钟文明实践服务圈"，推出"浔愿"志愿服务品牌①。

一是不断完善志愿服务组织架构。自 2020 年起，南浔区依托各级新时代文明实践基地，逐渐构筑起一体化的区、镇、村三级全覆盖的志愿服务组织。以此为契机，双林镇以及辖区内各村社均成立志愿者联合会，分别由镇党委副书记、各村社党支部（党委党总支）书记担任会长，组织全镇志愿者围绕教育教学、卫生健康、健身体育、科技科普、助残助老、文化娱乐等不同主题，定期开展志愿活动。为了更好地组团服务，双林镇整合各职能部门服务力量，于 2021 年 4 月成立由镇长担任总队长的"双林三桥先锋"志愿服务总队，下设民情速通支队、美丽城镇支队、平安守护支队、生态文明支队、困难帮扶支队、带富创业支队、解难服务支队、红色宣讲支队等 8 个支队、28 个分队，全力在助弱帮困、带富创业、便民服务、平安

---

① 湖州南浔打造全国首个区、镇、村三级志愿者联合会［EB/OL］.央广网，2021-08-25.

建设等方面创新方法、务实举措，锻造出一支信念坚定、素质优良、结构合理、纪律严明、作用突出的先锋志愿服务队伍。① 基层志愿服务组织架构的完善和志愿队伍的发展壮大提升了志愿服务的制度化、常态化程度。

二是党建引领志愿服务项目的发展。2021，湖州市志愿者联合会正式启动实体化运作，12 月，联合会党支部、市产业集团文化传播有限公司党支部共同发起"爱与共富同行"党建联盟，实施爱心益站、文化益站、金融益站、惠民益站、健康益站、法律益站、振兴益站、美丽益站、幸福益站等"九个益站"重点项目，项目涵盖文化、消费、医疗、金融、法律、社区、乡村等志愿服务，通过党建联盟聚合力，共同携手为群众办实事。② 双林镇党委联合后坝村党总支、后坝村志愿者联合会积极争取优质志愿服务资源，落地 17 个结对共建项目，集中打造 10 个共富农场建设，成立"乡贤感恩医路行双林工作站"。在项目集中启动仪式上，南浔银行向双林镇捐赠"爱与共富同行"家园志愿服务流动车，以提升志愿服务的出行效率。"爱与共富同行"项目充分体现了党建联盟的志愿共享机制优势，通过互联、共建、互促、共赢等形式，实现多跨协同、将优质志愿力量下沉到基层服务点，与属地志愿力量合力

---

① 党员干部争当"三桥先锋"［EB/OL］. 湖州市人民政府，2021-04-19.
② 2021 年湖州市志愿服务十大事件［EB/OL］. 中国志愿服务联合会，2022-01-13.

提供志愿服务，确保精准触达，以提升志愿服务的有效性。

图 3-1 爱与共富同行党建联盟双林志愿服务项目集中启动仪式

　　三是志愿服务项目的常态化与品牌化建设。在双林镇志愿联合会的推动下，辖区内的志愿服务活动主要围绕以下四大类型展开。（1）联合各专业单位开展常态化、公益性志愿服务。主要包括联合镇市场监管局开展食品安全志愿服务①，联合当地教育培训机构开展青少年艺术公益班②，联合当地医院、药店开展居民健康服务，等等③。（2）利用雷锋纪念日、节假日开展专项志愿活动。例如，为弘扬雷锋精神及传播"奉献、有爱、互助、进步"的志愿精神，双林镇志愿者联合会在雷锋纪念日携手双林镇团委、双林镇派出所开展"学雷锋志愿行 从我先做起"的志愿服务活动，为镇上养老服务中心、残疾人之家及各村社老人以及残疾朋友们送去暖心服务。在清明节组织

---

① 湖州：食品安全系万家，双林志愿来牵线［EB/OL］. 浙江在线，2022-12-07.
② 南浔双林镇开班青少年公益班［EB/OL］. 浙江在线，2023-02-17.
③ 湖州南浔双林开展志愿服务活动［EB/OL］. 浙江在线，2023-02-17.

开展"志愿传民俗"系列活动，缅先烈，做青团；在重阳节组织开展"九九重阳敬老爱老"文艺会演活动，为社区老人带去民族舞蹈表扬、越剧、京剧表演，创建老年人健康快乐氛围。在春节开展公益电影春节档志愿服务活动，丰富社区居民文化生活等。①（3）满足当地社区居民迫切需求，推出特色志愿服务项目。例如，为配合搬迁工作生活在临时过渡房的老人推出"益乐安居"志愿服务项目，把露天电影和折子戏等文化艺术服务及理发、缝补和医疗等便民志愿服务带给老人，并动员爱心捐赠，定向用于经济困难老人生活硬件的集中改造，同时开通心理热线，为老人提供心理咨询服务。②（4）联合行业志愿者，为新经济样态从业者融入社区、服务基层治理提供途径。为实现全镇快递服务全覆盖，双林镇建立了全省首家镇级快递园区，吸纳13家快递、货运相关企业入驻，并同步建立双林镇快递园区联合工会。联合工会鼓励会员快递小哥加入双林志愿者联合会，组建一支36人的志愿服务队，打造"会员+志愿服务"自治模式，利用快递员送货上门的机会开展政策宣传、文明劝导、防诈宣传等工作，并定期开展"一老一小"送温暖活动，成为助推基层治理的"轻骑兵"。截至目前，联合工会志愿服务队累计开展活动81场，参与平安巡逻1000人次，通

---

① 据访谈资料整理。访谈地点：双林镇志愿者联合会。访谈日期：2023年8月16日。

② 南浔区融媒体中心：志愿服务送温暖，"益乐安居"传真情［EB/OL］.人民号，2023-12-07.

过包裹发放政策及防诈骗宣传资料 10000 余份。①

图 3-2 双林志愿联合会联合与当地企业一起提供志愿服务

四是社区志愿服务队伍的发展壮大。"五老志愿者"是双林志愿者队伍中成立时间最早的一支。双林镇爱国路社区主任发现社区里有很多退休的老党员、老干部、老教师、老职工、老军人等"五老"居民，他们在各自的领域都有丰富的工作经验，并且退休后也有为社区做点事情的意愿，这让他产生了成立志愿者团队的想法。在社区和志愿者的共同努力下，早在 2010 年 5 月，爱国路社区"五老志愿者"团队便已成立，在社区定期开展业余辅导、政策宣传、治安巡逻、督导卫生等志

---

① 据访谈资料整理。访谈地点：双林镇志愿者联合会。访谈日期：2023 年 8月 16 日。

愿服务活动。此后，爱国路社区被评为湖州市"百姓心目中的平安社区"，同时社区"五老志愿者"团队被评为"感动湖州2013 年度先进集体"①。目前，"五老志愿者"团队成员共计73 名，其中老党员 28 名，退休干部 20 名，年龄最大的 96 岁，最小的 66 岁。结合自身实际，分别担当政策法规宣传员、民主管理监督员、文明卫生监督员、治安巡逻员、纠纷调解员、关心下一代辅导员等六大角色。双林镇"五老志愿者"参与社区调解以来，累计解决各类矛盾纠纷 40 余件，群众满意率达99％以上。累计结对帮扶 70 余名学生，对 700 多名留守儿童进行业余辅导。② "五老志愿者"已经成为双林镇的一幅美景。目前，双林镇在全镇 5 个社区积极倡导成立五老志愿者团队，探索五老志愿者服务新模式。同时，通过将基层党建与志愿服务相结合，打造"党建+关爱""党建+服务""党建+治理"等工作平台，多方整合资源，为社区治理增添新动力。

三、教育慈善事业的发展

中国自古以来重视教育，有兴学的传统，教育历来是公益慈善最活跃的领域之一，1989 年中国青少年基金会发起的"希望工程"，在很多人心中就是慈善的代名词。近年来，我国

① 双林镇的"五老志愿者"让基层治理更有温度 ［EB/OL］. 央广网，2020-12-06.
② 据访谈资料整理。访谈地点：双林镇爱国路社区。访谈对象：五老志愿者代表。访谈日期：2023 年 8 月 16 日。

公益慈善事业蓬勃发展，每年近1000亿元的社会捐赠中，教育是捐赠资金流入最多的领域。特别是在乡村教育领域，受人口流动、产业调整、科技发展等内外因素的影响，乡村儿童的教育环境与教育需求也产生了新的变化与问题。一方面，虽然校园硬件条件匮乏的问题有所缓解，但在教学内容和教学方式上仍然有很大的改进空间，特别是美育、体育等综合素养教育与城市相比仍然有着较大差距。另一方面，由于学校撤并和父母离家工作等原因，许多乡村儿童缺乏家庭教育和父母陪伴，单调的乡村生活增加了儿童对电子产品的依赖，也导致孩子们学习热情和学习兴趣下降。一些教育慈善机构尝试采用多元的教育探索回应现实难题，或是通过支教助学等方式直接面向贫困、弱势儿童提供服务，提高教育教学质量；或是通过教师培训等方式作用于学校和老师，推广素养教育；或是通过领袖培养和政策影响等方式作用于体制，改善教育的宏观环境。

双林镇的教育慈善事业同样发达，并且有深厚的文化基因。中华人民共和国成立前，双林已经有慈善捐资办学的传统，蓉湖书院、商立国民学校皆由慈善力量推动。1948年，香港著名爱国同胞沈炳麟为纪念父亲沈庆同，在双林捐资创办私立庆同小学。沈炳麟认为，兴办教育的社会效益比其他公益事业要好，是千秋万代的事业。改革开放以后，沈炳麟以"应善良福利基金会"的名义多次捐资为庆同小学建设了教学大楼、体育场、大会堂等硬件设施。

现阶段，适应时代变迁和社会需求变化，双林教育慈善事业不仅停留在基础设施和各类奖教金的资助，还包括体育教育、职业教育、慈善教育等领域的发展，并且，在国家的大力推动和社会各界的热心参与下，完善了针对留困儿童的关爱体系。具体体现在如下五方面。

一是各类奖学金繁多，从雪中送炭到锦上添花，从资金资助到陪伴式成长，全方位助力慈善教育事业。目前双林镇已经有"蔡崇信奖学金""长辉杯奖学金""长辉电镀困难学生救助金""双林兴盛教育基金"等多种形式的奖学金、助学金和奖教金，有些用于补助困难学生，有些用于激励做出突出成绩的教育工作者，有些用来奖励品学兼优的学生。奖学金提供的不仅是资金支持，还有陪伴式成长，不断升级迭代，形成慈善事业助力教育发展的良好生态。例如，蔡崇信奖学金将传统"经济帮扶"模式转变为授人以渔模式，通过"发现、点燃、影响"三个服务阶段，让受助学子有更多的机会拓展眼界、增强自信，还进一步激发了他们的社会责任感。

二是体育教育的发展。自 2019 年起，蔡崇信公益基金会捐赠建设了占地 6000 平方米的蔡崇信体育馆，极大地改善了当地的体育设施条件。随后，又陆续引入棍网球、曲棍球、旱地冰球等团队对抗性运动项目，进一步丰富了校园体育内容，激发了学生参与体育活动的热情。在蔡崇信公益基金会"以体树人"理念的影响下，双林镇中小学在体育教育方面取得了显着成效。例如，更多学生上场比赛，孩子体质、心理健康进一步提升。

三是重视职业教育，形成慈善事业与企业发展的深度融合。职业教育是我国教育体系中的薄弱环节，国家投入相对不足，社会关注度和认可度不高，往往也是慈善事业较少关注的领域。除了专注于职业教育的基金会和慈善机构外，走一条产教融合、校企合作的路子是促进职业教育高质量发展的有效途径。在这方面，双林龙头企业久立集团的探索经验值得我们借鉴。早在 2017 年，久立集团为助推湖州市"中国制造 2025"试点示范城市建设，出资 500 万元，联合市教育局、市慈善总会联合设立"久立匠心"职业教育人才培养奖励（慈善）基金，每两年颁奖一次，旨在表彰职业院校中具有工匠精神和高超技艺的技术技能型人才。2020 年，久立集团向湖州职业技术学院捐赠 100 万元设立"久立奖学金"，进一步加强校企合作培养高技能创新人才。2021 年，久立集团、永兴特种材料科技股份有限公司共同与湖州师范学院签约校企合作，预计十年内投入 1100 万元成立久兴基金，共建"久兴材料学院"，共定人才培养方案、共享校企师资等，学院将每年招收 70 余名学生开展培养金属新材料领域高素质应用型人才，优先输送两家企业①。久立集团将企业的发展与职业人才的培育相结合，为当

---

① 我校与久立集团、永兴特材合作签约暨久兴材料学院揭牌仪式顺利举行[EB/OL]. 湖州师范学院新闻网，2021-04-23.

地职业教育的发展做出了突出贡献。

四是慈善文化进学校，慈善与教育深度融合。慈善文化进学校，成为学生学习生活的一部分，推动新一代青少年认识慈善、了解慈善，不仅对他们将来步入社会后转化为自发的、持续性的慈善行为会产生积极作用，而且有助于培养儿童积极的道德价值观和社会责任担当。学校作为塑造学生思想、价值观的重要场所，融入慈善文化可实现教育的全面性，有利于学校全面落实推进素质教育战略。双林慈善文化进学校主要是从慈善文化培育和儿童成长的角度，开展形式多样的慈善主题学习和实践活动，包括项目实地探访，社会调研和志愿服务，举办慈善主题比赛或学习营，搭建交流平台等。面向中小学生的公益慈善教育在双林方兴未艾，慈善教育从娃娃抓起，慈善文化进学校不仅影响学生和老师，而且还能通过学生影响到家长、亲朋，为全民慈善氛围的形成打下基础。

五是着力构建"政府主导、社会组织参与"的留困儿童关爱保护体系。为切实提升儿童福利保障水平，维护儿童合法权益，双林镇在市、区两级政府的带动下，深入推进"护航·金色童年"留困儿童关爱探视和结对帮扶两大行动，织密织牢留困儿童关爱保护网。在街镇层面，双林成立未成年人救助保护站和"关爱儿童之家"，通过政府购买服务引入社会组织、专业社工和志愿者，为当地留守儿童及困境儿童提供亲子陪伴、学习教育、心理疏导等全方位的专业化服务，在满足儿童需求的同时，也为慈善力量参与教育事业提供了平台和途径。

四、慈善助力乡村振兴

乡村振兴是中华民族伟大复兴的必由之路，也是新时代最大的公益事业。然而，长期以来，慈善事业在乡村振兴中的作用一直没有受到重视①。2022 年，民政部、国家乡村振兴局发出《关于动员引导社会组织参与乡村振兴工作的通知》，指出参与乡村振兴，"既是社会组织的重要责任，又是社会组织服务国家、服务社会、服务群众、服务行业的重要体现，更是社会组织实干成长、实现高质量发展的重要途径和广阔舞台"，并印发了《社会组织助力乡村振兴专项行动方案》。双林镇慈善组织数量有限，慈善力量助力乡村振兴可从广义和狭义两个层面进行分析。广义上来看，包括慈善会系统的各级慈善网络、慈善冠名企业、村级慈善基金、慈善基地与慈善文化建设等慈善事业均覆盖乡村，都可以看作对乡村振兴的事业的助力；从狭义上来看，双林镇慈善事业助力乡村振兴主要围绕乡贤工作展开，本节主要从"乡贤+发展""乡贤+治理""乡贤+公益"三个层面阐释双林慈善力量助力乡村振兴方面的贡献。

一是发挥"乡贤+发展"的思路，着力培育有市场、有效

---

① 葛宁，周王瑜，等. 公益慈善力量助力乡村振兴发展报告［M］//杨团，朱建刚. 中国慈善发展报告（2022）. 北京：社会科学文献出版社，2022：223.

益、促就业、促民富的特色农业产业，特别是推动文旅产业与乡村振兴的有效衔接。2016 年，在"能人回村"的号召下，浙江林昌木业有限公司负责人王香林回到双林后坝村。王香林是土生土长的后坝人，在他的牵线搭桥下，该村 10 多名企业家集体投资超过 1000 万元，以土地流转的方式，建设集农事体验、文化教育、素质拓展等功能于一体的后坝营地项目。后坝营地实行集体股份经济合作社＋村民＋工商资本＋政策支持"四位一体"经营模式，一期总投资 2000 万元，发行 2000 股，由村集体和村民控股 51%，企业出资占 49%。几年下来，后坝村从负债 109 万元的集体经济薄弱村蜕变为南浔区经营示范村，实现 2022 年村集体经济总收入 400 多万元，其中营地创收 160 万元。由于年年都能给村里分红，入股村民数量也从 86 户发展到 156 户，为村民解决了部分就业，增加了收入①。后坝营地的成功促使双林镇继续探索"任贤使能"的经验，积极打造"百贤百企兴百村"的乡村振兴模式，通过新乡贤结对薄弱村、困难户等模式，深化"先富帮后富"机制，促进农业高质高效、乡村宜居宜业、农民富裕富足。

二是发挥"乡贤＋公益"的思路，着力发挥慈善力量对乡村振兴的促进作用。一方面是乡贤的慈善捐赠直接助力乡村发展。例如，2021 年，双林镇华桥村率先成立全镇范围内首个村

---

① 据访谈资料整理。访谈地点：双林镇后坝村。访谈对象：后坝营地运营管理人员。访谈日期：2023 年 8 月 17 日。

级乡贤协会，在乡贤会会长杨金土的发起下，乡贤会的 10 余位乡贤自发捐赠，成立"桥之乡支持基金"，主动参与结对村内文化、卫生、养老等工作，着力提升村民幸福指数，为乡村公共服务和公益设施的发展做出贡献。另一方面是发掘乡贤文化，涵养乡村振兴的文化双林。例如，蔡宅双林青少年文化教育基地的"蓉湖风华：双林历代名人乡贤陈列"，系统梳理并展示双林历代乡贤的公益故事，为乡村振兴提供文化支持和精神动力。

三是发挥"乡贤+治理"的思路，着力提升乡村公共事务协商议事能力。双林镇积极组建乡贤调解队伍，建立乡贤参事议事机制，鼓励乡贤参与民主监督村务，并成立乡贤宣讲团，充分发挥乡贤熟悉基层等优势，定期开展"送法入户"等接地气，多样化的法治宣传活动。目前，全镇共有 35 支 160 余人的乡贤调解队伍，2020 年以来共计调解矛盾纠纷 203 件，调解成功率为 100%，为平安双林的持续稳定筑牢坚实防线。①

---

① 湖州统战．南浔区双林镇创新"三色乡贤法"工作法，助力基层治理现代化［EB/OL］．澎湃新闻，2020-11-21.

第三节　双林当代慈善事业发展的主要动力

一、政府的政策支持与社会动员

双林当代慈善事业的发展，正是得益于国家、省市层面对慈善事业的重视和支持，特别是在法律法规和政策环境方面的保障。2016 年，《中华人民共和国慈善法》的实施标志着中国慈善事业进入法治化时代。浙江省先试先行，相继出台《浙江省实施〈中华人民共和国慈善法〉办法》（2018）、《关于加快推进慈善事业高质量发展的实施意见》等"横向配套"政策，谋定一条适合全省省情的慈善事业发展之路。在注重政策"横向配套"的同时，浙江省也注重"纵向接续"，在国务院颁布《志愿服务条例》后，省市相继出台《浙江省志愿服务条例》《湖州市志愿者激励办法（试行）》等①。"横向到边，纵向到底"的政策体系，有力地引导行业、机构锚定目标、理清思路、因地制宜、加快步伐，为慈善事业的高质量发展营造了良好环境。2021 年，《浙江高质量发展建设共同富裕示范区实施方案（2021—2025）》发布，明确提出全面打造"善行浙江"

① 浙江民政 ."浙"样走过的十年：浙江慈善事业、社会工作、志愿服务发展综述［EB/OL］. 澎湃新闻，2022-08-11.

的要求，"助力共同富裕"成为浙江慈善事业高质量发展的新方向、新使命。

不同于传统社会的"官办慈善"，在现代社会，政府在慈善事业中的作用发生了显著变化，从慈善事业的直接实施者转变为引导者和支持者。一般而言，政策支持和规划主要体现在较高层级的政府，具体到双林镇政府，对慈善事业的引导和支持除了贯彻执行上级政府的各项政策方针，加强对慈善事业的扶持与监管以外，还特别体现在慈善领域的规划、社会动员与参与等层面。

首先，将慈善事业与共同富裕结合起来，推动"慈善助力共同富裕"工作，引领慈善事业在重点领域的发展。一是打造慈善帮扶产业项目，大力推进慈善项目从"输血帮扶"向"造血致富"的迭代升级，以解决辖区内低收入群众、残疾人家庭就近就业问题。二是用好"慈善助力共同富裕专项资金"，统筹兼顾生活困难家庭和个人的临时救助与助困、助医、助学等民生项目，以及促进教育、科学、文化、卫生、体育等事业发展项目，规范专项资金的使用，强化资金监管，以充分发挥捐助资金的最大效用。三是积极挖掘乡贤资源优势，"筑巢引凤"，推出"百贤百企兴百村"活动，该镇延续在"任贤使能"上的经验，强化乡情纽带、凸显情感链接、优化政策供给，为"共同富裕"贡献更多乡贤力量。

其次，注重动员社会力量参与慈善事业。社会力量参与慈善事业既可以提升社会福利和公共服务的供给水平，又可以发挥自身的创新能力和资源优势，推动慈善事业的创新和发展。双林镇政府不仅注重税收优惠等政策支持对慈善事业的推动作用，而且通过宣传教育、表彰奖励等方式推动社会各界参与慈善事业。双林对慈善事业的动员是全方位、多条线的，不仅广泛整合政府各部门资源，并且巧妙利用党委、人大、政协等各部门的协同效应，先后推出了党建引领共同富裕、党建引领志愿服务等系列慈善品牌项目，引导成立双林慈善分会、南浔区发展促进会双林分会、双林志愿服务队等慈善组织，丰富了慈善事业的参与主体与参与形式。2024 年伊始，双林镇人大充分发挥职能优势和企业家人大代表的主体作用，创新性地提出成立企业慈善工作站，引导企业、企业家更好地参与慈善，充分发挥人大代表在"双岗建功"中示范引领作用，在救助帮扶、关爱员工等多方面提升百姓获得感。目前，双林镇已设立 8 家企业慈善工作站。

再次，整合资源，形成慈善事业发展的联动工作机制。无论是横向上加强与重点部门、慈善组织合作联动，还是纵向上搭建区、镇（街道）、村（居）三级慈善网络，双林镇政府都采取了多项有力措施。通过联动工作机制，可以实现慈善资源的集中共享、供需对接、整合协调。例如，联动工作机制可以促进政府部门与慈善组织之间建立信息共享平台，避免资源重复投入，更好地满足困难群众多层次、多样化、差异性的救助需求。再如，联动工作机制还为政府和慈善组织提供了交流学习的平台，双方可以共同分享救助经验，探讨救助方法，不断提升救助工作的质量和效率。

最后，慈善教育和宣传方面的政府力量。双林镇慈善分会自成立以来，乡镇党委、政府不仅在"一日捐"等募捐活动上发挥了关键作用，还在慈善教育和宣传方面采取了多项有力措施，有效激发了社会各界对慈善事业的支持和参与热情。例如，领导班子成员参加"慈善一日捐"动员大会并现场捐款，这种身体力行的示范效应极大地激发了广大干部群众参与慈善事业的积极性。为了激励和引导公众参与慈善事业，双林镇政府先后设立"慈善杰出贡献奖""慈善突出贡献奖""慈善贡献奖"等不同慈善奖项，对在慈善事业中做出突出贡献的企业、组织和个人进行表彰和奖励，并通过媒体宣传、公益广告等渠道，广泛宣传慈善典型事迹和精神，让更多的人了解他们的善举和贡献，激发公众的参与热情。此外，双林镇还积极创建慈善文化实践基地，全方位、多角度地展示双林慈善文化脉络，让更多的人了解慈善、参与慈善、支持慈善。

二、双林慈善分会的贡献与力量

双林镇慈善分会成立于 2009 年，在南浔区慈善总会的指导下开展工作，本质上是南浔区慈善总会工作职能的延伸。作为慈善"三级网络"的重要环节，双林镇慈善分会在开展镇、村（社区）的慈善工作，在助力慈善文化传播、拓展基层慈善救助功能等方面发挥着重要作用。2009 年，双林镇慈善分会成立当年的善款募集总额为 73 万元，之后几乎保持在南浔区慈善总会募款总额的 20% 左右，2019 年以来，双林镇累计募集各类慈善资金 2488.76 万元，各类慈善支出 1222 万元。

双林镇慈善分会的人员分工与组织架构充分体现了镇政府对慈善事业的高度重视。分会由镇党委书记任名誉会长，镇长任会长，由一名主管民政工作的分管领导和一名民政助理分别担任常务副会长和秘书长，另有各个系统分管领导任副会长，会员单位则主要由规模以上企业成员代表组成，慈善分会办公场所设在镇社会事务办公室。为确保慈善资金募集和慈善救助等各项工作的顺利展开，双林镇慈善分会在乡镇党委、政府的领导下，在民政部门、上级慈善总会的指导下，建立健全各项管理制度和规章制度，发动社会各界力量，开展慈善募捐、救助活动以及慈善文化的宣传与推广。

在慈善募捐工作上，双林镇慈善分会通过做好专项募捐、定向捐赠和专项慈善基金等形式不断拓展慈善募捐新领域。具体而言，一是以"慈善助力共同富裕"为主题，全力推进"慈善一日捐"活动，2019 年以来，双林慈善分会累计募集各类慈善资金 2488.76 万元。其中，规上企业募集 2372.74 万元，占慈善资金募集总额的 95.3%。二是做大定向捐赠。双林慈善分会充分发挥政府在精准链接资源方面的优势，鼓励爱心企业通过设立定向冠名慈善基金等形式反哺家乡。例如，蔡崇信公益基金会在双林镇定向捐赠支出 6000 余万元，支持家乡公益。2022 年，永兴特材和久盛电气的两位乡贤企业家出资成立"兴盛教育基金"。同年，双林乡贤徐云昭老先生出资 100 万元成立徐氏家族教育爱心基金。此外，还在村社慈善工作站积极推动成立 10 个村级慈善帮扶基金，募集基金 200 万元。①

在慈善救助领域，双林镇慈善分会不断提升帮扶成效。一方面，双林镇慈善分会聚焦定向帮扶，持续开展专项医疗救助、低收入群众和临困家庭慰问、困难人员补充保险、"学无忧"助学工程、"水电无忧"用水用电补助、"生活标配 3+1"慈善捐赠行动、"慈善关爱送万家"等项目，深入推进"困难人·爱心工程"。近年来，双林镇慈善分会累计支出 770.3 万元，惠及 2854 人，持续兜牢困难弱势群众的生活底线。② 另一方面，创新品牌帮扶。双林慈善分会与浙北大厦集团、市中心医院、南浔银行等单位联合开展"爱与共富同行"活动，并启动"益颗心"党建联建品牌，累计签约 30 余个项目，打造了区域"共富链"机制。此外，为进一步深化区域交流合作，双林镇慈善分会着力开展联动帮扶行动。例如，"山海合作"项目结对四川省广安市广安区，支出帮扶基金 20 万元；结对丽

---

① 据访谈资料整理。访谈地点：双林镇慈善分会。访谈日期：2023 年 6 月 18 日。

② 据访谈资料整理。访谈地点：双林镇慈善分会。访谈日期：2023 年 6 月 18 日。

水松阳县水南街道支出帮扶基金 30 万元，结对新疆柯坪县阿恰乐镇，捐赠文化走亲专项资金 50 万元。①

在慈善文化宣传方面，双林镇慈善分会不遗余力培植慈善文化氛围，弘扬全民慈善新风尚。一方面，双林历来慈善氛围浓厚，远有香港实业家沈炳麟先生捐赠庆同小学、庆苑公园；近有蔡崇信先生捐赠体育馆、青少年文化教育基地，新仲湖针织制衣有限公司捐建赵家兜文化礼堂等慈善事迹，双林镇慈善分会通过宣传推介这些慈善工作，在潜移默化中影响公众，弘扬双林优秀传统。另一方面，双林镇慈善分会在选树慈善典型方面做了大量工作。在第七届浙江慈善奖评选中，双林镇久立集团荣获机构捐赠奖，蔡崇信公益基金会入选浙江省总工会关爱职工公益伙伴纽带计划试点，以体树人体育教育计划荣获慈善项目奖。理事长张正华女士受邀担任湖州市第三届"慈善大使"，并作为代表在第九届慈善嘉年华活动进行现场倡议。双林镇农业副镇长张开荣荣获"全国脱贫攻坚先进个人"称号。2019 年以来，在全镇"慈善一日捐"大会上，双林镇慈善分会累计表彰授牌企业 70 余家次。②

---

① 据访谈资料整理。访谈地点：双林镇慈善分会。访谈日期：2023 年 6 月 18 日。
② 据访谈资料整理。访谈地点：双林镇慈善分会。访谈日期：2023 年 6 月 18 日。

三、南浔区发展促进会与慈善事业

南浔历史悠久，自古名人辈出，南浔乡贤是兼具乡土情怀与商业智慧的卓越代表，他们充满着对故土的深情厚谊，时刻关注并慷慨资助家乡发展。他们的善举充分展示了中国人乐善好施、仁爱互助的传统美德。在南浔区委统战部的大力支持下，南浔区将"乡贤工作"与招商工作、统战工作相结合，成立"浔贤联合会"（后更名为南浔区发展促进会，下文统一用新名称）。2023年11月，南浔区发展促进会第一次理事大会召开，选举孙根祥为理事会第一届会长，孙根祥同时是原南浔区政协主席，其双重身份进一步彰显了多层级、各部门对乡贤及乡贤慈善事业的关注。

遵循区委、区政府的战略部署，南浔区发展促进会迅速响应，建立乡贤资料清单和分层联系清单，遍访全区各街镇商会及区外商会，凝聚乡贤力量①，通过开展乡贤归巢、项目回引、公益回扶、文化反哺等系列活动，鼓励和引导乡贤广泛参与社会治理，破解发展难题，厚植乡贤情怀。双林镇依托乡贤资源优势，成立"南浔区发展促进会双林分会"，加强"乡贤+慈善"阵地建设。在湖州市侨联、南浔区侨联的指导下，双林镇虹桥弄蔡宅积极服务侨胞，成为侨联工作展示、侨贤协商

---

① 南浔区融媒体中心：浔贤归巢促发展，故家乔木聚新能——南浔区浔贤工作综述［EB/OL］. 人民号，2023-11-15.

议事、侨眷侨属交流联谊的平台，获评全国侨联系统"侨胞之家"先进典型选树单位，基金会理事长张正华获评全国侨联系统先进个人。此外，南浔区发展促进会双林分会还积极参与了南浔区发展促进会推出的"乡音润课堂"品牌活动中，主动联络并引导乡贤反哺家乡，参与教育。2023 年 10 月，双林乡贤、华裔荷兰籍音乐家沈永伟在庆同小学的音乐教室内，给孩子们上了一堂有趣的管乐课，并为学校和孩子们量身定做了一首管乐版的校歌。①

　　南浔区发展促进会对双林镇慈善事业的重要性主要体现在以下三方面。一是凝聚乡贤力量，扩大慈善资源。乡贤不仅仅局限于乡贤，而且包括南浔享有盛名的当代名人、旅居海外的杰出人士，以及南浔古代先贤的后人、弟子或友人等。南浔区发展促进会的成立，为这些来自不同领域、不同地域的贤达人士提供了沟通和交流的平台，可以有效挖掘和整合乡贤慈善资源，为慈善事业提供丰富的资源支持。二是推动慈善项目落地，提升慈善效率。南浔区发展促进会通过定期走访、邀请回访等形式，畅通沟通交流渠道，搭建桥梁纽带，有助于推动更多慈善项目的对接与实施，提升慈善项目的落地效率。三是弘扬慈善文化，营造良好氛围。南浔区发展促进会的许多成员都是各自领域的佼佼者，他们的慈善行为具有很强的示范引领作

---

① 湖州统战. 这里的"乡音"润课堂! 南浔区乡贤唱响"礼贤润乡"好声音[EB/OL]. 微信公众平台，2023-10-15.

用；南浔区发展促进会通过讲述乡贤故事，弘扬乡贤精神，可以激发更多人的慈善热情，有助于形成人人关心慈善、人人参与慈善的良好风尚。

四、代表性企业的积极参与

企业捐赠目前仍然是我国基层慈善资金的重要来源，双林镇慈善事业的发展离不开当地企业及企业家的积极参与。南浔区鼓励税收超 1000 万元和超 500 万元企业设立 1000 万元以上和 500 万元以上的慈善冠名基金，每年留本捐息 60 万元和 30 万元以上，培育"慈善冠名企业"；鼓励其他规模以上企业各类慈善年捐赠额达到 20 万元以上，培育慈善"明星企业"。2023 年，双林镇慈善冠名 25 万元以上的企业 15 家，其中 50 万元以上的企业 8 家。①

在南浔区慈善总会的积极引导下，双林镇各类企业和企业家参与慈善事业的意识得以不断提升，其参与的主要领域包括基础教育、困难救助乃至修路铺桥、乡村振兴等方面。在这方面，比较典型的企业如下。

一是以长辉金属表面处理技术有限公司（以下简称"长辉公司"）为代表的聚焦于教育及困难救助领域的捐赠。2020年，双林当地企业长辉公司在董事长顾学法的支持下，在双林

---

① 据访谈资料整理。访谈地点：双林镇慈善分会。访谈日期：2023 年 6 月 18 日。

庆同小学设立"长辉杯"奖学金①，每年资助该校品学兼优的应届毕业学子50名，给予每人1000元的奖励，旨在激励孩子们立德修身、奋发进取。三年来，长辉杯奖学金已累计奖励三届150名学子，发放奖学金15万元。同年12月，长辉与南浔区红十字会建立了"长辉电镀困难学生救助""长辉电镀困难家庭救助"等项目，定向用于双林镇范围内特困学生和特困家庭的人道救助工作，自2021年以来，每年的救助资金额度在2万元上下，每生/家庭可获资助在2000~5000元之间②。

长辉公司热衷于教育和困难救助领域的捐赠，与其董事长顾学法的个人成长经历不无关系。访谈中，他深情回忆了自己读书时期所受到的来自邻居和热心人士的无私帮助，在他心中也种下了感恩与回馈的种子。随着企业的不断发展，他具备响应能力之后，自觉地将回馈社会、特别是支持教育事业作为己任，展现了高度的社会责任感与人文关怀，也体现了"受之于社会，回馈于社会"的价值理念。

二是以谱拉歌世服饰有限公司为代表的"积少成多型"捐赠。谱拉歌世服饰有限公司成立于2004年12月，自成立以来就一直从事慈善事业，这既包括突然灾害面前的人道主义援

---

① 高曙英，吴丽燕. 南浔：拓宽致富路 描绘乡村振兴新图景［N］. 浙江日报，2021-08-12（15）.

② 据访谈资料整理。访谈地点：虹桥弄蔡宅。访谈对象：长辉金属表面处理技术有限公司执行董事兼总经理顾学法。访谈日期：2023年6月19日。

助,也有对周边社区、福利院、学校、困难群体的持续性支持,还包括利用公司的专业优势,为特定群体如儿童福利院定制服装以及其他特色化的物资捐赠等。

一般而言,除突发性援助外,谱拉歌世的日常捐赠都以首先满足双林本地的需求为主,这充分体现了企业对所在社区承担的社会责任。谱拉歌世对当地社区的支持是全方位的,如一些回馈社区的修路造桥等捐助活动,个别困难群众的困难救助,以及鼓励公司食堂优先购买本地菜农的蔬菜等农产品。谱拉歌世对慈善事业的支持不仅有助于增强企业与社区之间的紧密联系,提升企业的社会形象和品牌价值,并且对公司员工也产生示范效应。受公司慈善氛围的感染,员工们自发成立"帮帮团",主动参与公司内外的志愿服务活动,如食堂就餐秩序、停车秩序的维护等,甚至还成立了员工志愿装卸队,满足公司货物进出装卸的临时用工需求。可以说,谱拉歌世的慈善活动逐渐成为公司文化的重要组成部分,塑造了一种"先去成就他人,再去成就事业"①的价值观。

三是以久立集团为代表的"走出双林"型捐赠。如果说,大部分双林企业的日常捐赠是以满足本地区的、紧迫性的需求为主,只是在突发事件面前的人道主义捐赠不分地域,那么,久立集团的捐赠范围则要广得多。"慈善捐赠就是爱的接力,

---

① 据访谈资料整理。访谈地点:谱拉歌世有限公司。访谈日期:2024 年 7 月 31 日。

在慈善事业上企业不仅要跑上一程，更重要的是要跑出新的速度来"，久立集团的创始人曾经这样说。

久立集团制订《年度公益活动计划》，从预算、人员等方面保证有计划地开展公益支持活动。多年来，在湖州市、南浔区慈善总会、红十字会及相关爱心助学、助困、抗震救灾及公益事业中积极带头捐款捐物，2019—2022年的捐赠金额累计达到1500余万元，其中，2022年，湖州市慈善排行榜发布，久立以777余万元的捐赠额入围年度湖州市慈善企业排行榜第二名。凭借多年来在慈善领域的持续努力，久立集团先后获得"浙江慈善奖""浙商社会责任奖""湖州市慈善爱心奖"等荣誉①。

除一如既往地设立奖学金、支持基础教育外，久立集团为职业教育的发展做出了重要贡献。在2017年，久立集团为助推湖州市"中国制造2025"试点示范城市建设，出资500万元，联合市教育局、市慈善总会联合设立"久立匠心"职业教育人才培养奖励（慈善）基金，每两年颁奖一次，旨在表彰职业院校中具有工匠精神和高超技艺的技术技能型人才。2020年，久立集团向湖州职业技术学院捐赠100万元人民币设立"久立奖学金"，进一步加强校企合作培养高技能创新人才。2021年，久立集团、永兴特种材料科技股份有限公司共同与湖

---

① 据访谈资料整理。访谈地点：虹桥弄蔡宅。访谈对象：浙江久立集团股份有限公司代表。访谈日期：2023年6月19日。

州师范学院签约校企合作，预计十年内投入 1100 万元人民币成立久兴基金，共建"久兴材料学院"，共定人才培养方案、共享校企师资等，学院将每年招收 70 余名学生开展培养金属新材料领域高素质应用型人才，优先输送两家企业①。

在湖州以外，久立集团携手供应商、客户群体，深度参与并广泛贡献于教育促进、体育发展、乡村振兴及共同富裕等社会公益领域。具体而言，2021 年，久立集团在西北工业大学设立 50 万元奖学金，旨在激励并培育未来科技人才，这不仅体现了久立集团对教育事业的深切关怀，也彰显了企业对国家创新驱动发展战略的积极响应。此外，久立集团还精准对接了浙江丽水市云和县坪地村、江西抚州市东乡区、四川汶川县阿坝村在内的多个偏远或经济欠发达地区，通过精准扶贫、文化交流等一系列爱心援助和帮扶活动，久立集团与这些地区的托老所、教育机构及社会团体建立合作机制，有效促进了当地经济社会的全面发展。久立集团突破地域限制的捐赠模式，不仅是企业社会责任感高度觉醒的体现，也是其作为上市公司在推动社会可持续发展方面的正向示范。

表 3-1　久立集团 2021 年参与慈善捐赠项目与金额

捐赠时间	金额（万元）	受助单位	备注
2021-05-31	50	湖州师范学院	资助教育事业

---

① 我校与久立集团、永兴特材合作签约暨久兴材料学院揭牌仪式顺利举行 [EB/OL]. 湖州师范学院新闻网，2021-04-23.

续表

捐赠时间	金额（万元）	受助单位	备注
2021-07-01	30	湖州市南浔区慈善总会	慈善冠名基金
2021-10-08	60	湖州市南浔区慈善总会	助力共同富裕
2021-10-08	2	湖州市南浔区慈善总会	慈善一日捐
2021-12-20	10	湖州市南浔区慈善总会	非定向公益捐赠
2021-10-29	10	吴兴区慈善总会	一日捐
2021-10-29	60	吴兴区慈善总会	慈善一日捐
2021-10-31	50	西北工业大学	奖学金
2021-10-31	10	湖州市南浔区慈善总会	慈善一日捐
2021-10-31	5	湖州市慈善总会	慈善捐赠
2021-10-31	7.169	湖州市慈善总会	慈善一日捐
2021-11-30	1	南浔区红十字会	困难捐助
2021-11-30	1	南浔区红十字会	困难捐助

五、社会组织与个人的参与

双林镇慈善事业的发展离不开社会组织及个人的参与。社会组织通过提供平台与资源、推动项目落地、提升专业性与效率等方式，为双林镇的慈善事业提供了有力支持；而个人则通过捐赠与资助、精神引领与示范、参与志愿服务等方式，为双林镇的慈善事业注入了源源不断的动力。这种社会组织和个人共同参与、相互促进的慈善发展模式，为双林镇的慈善事业注入了新的生机与活力。

　　首先是一批本地化慈善组织的成立和发展。近年来，伴随慈善资源向基层的倾斜及基层慈善网络的完善，双林镇积极响应，相继成立了双林慈善分会、南浔区发展促进会双林分会等具有官方背景的慈善组织，并一直延伸到村社及企业层面，建立了村社慈善工作站、企业慈善工作站，以及双林志愿者联合会等多元化的平台。同时，双林镇还孵化培育出社区发展联合会、凤凰公益发展中心等民间慈善组织。慈善组织的多元化发展为双林慈善事业提供了坚实的组织基础，推动了慈善项目的策划与实施。

　　其次，以应善良福利基金会、蔡崇信公益基金会为代表的双林籍社会精英创办的慈善机构，怀着对故土的深厚情感和反哺之心，对双林慈善事业的发展给予大力支持。他们通过资金捐赠、项目合作、能力建设等多种形式，他们通过资金的精准投放与项目的有效实施，为家乡慈善发展注入了强大动力。

　　最后，以晨光社会工作服务中心为代表的"植入型"社会组织通过政府购买服务进入当地社区，以幸福邻里中心为载体，通过提供社区服务、培育社会组织、参与社区协商等方式，不仅直接惠及了社区居民，也有效推动了当地慈善事业的发展。

　　在个人参与方面，双林慈善事业既包括当地企业家、乡贤等社会精英人士的慷慨相助，也包括普通公众的热心参与，前者如沈炳麟、蔡崇信新老两代侨贤对双林教育和公益事业的持续支持；张建华和高新江等在外经商的双林籍企业家通过成立兴盛教育基金对双林教育慈善事业的支持；双林本地企业家嵇兴林出资 100 万元为周家兜村建设文化礼堂；徐云昭老先生出资 100 万元成立徐氏家族教育爱心基金；等等。

在精英引领与地方政府的积极倡导下，双林镇的普通公众亦纷纷响应，尤其是年度"一日捐"活动，成为民众参与慈善捐赠的主要途径。除捐资外，双林民众还为志愿服务贡献了大量时间与精力。企业界中，久立集团率先垂范，组建了 10 支员工志愿服务队，定期投身于环境美化、交通疏导、弱势群体关怀及文明风尚推广等多元化服务之中，2022 年度累计贡献服务时长高达 17000 小时。社区层面，双林镇志愿者联合会、爱国路社区的五老志愿服务队，以及在晨光社工服务中心精心培育下的各村社志愿服务队，也定期举办丰富多彩的志愿服务活动，为双林慈善事业的发展贡献着一份力量。

第四节　双林当代慈善事业的传承与创新

一、慈善领域的传承与创新

无论是植根于深厚文化底蕴的传统慈善还是融合现代元素的当代慈善，教育和扶危济困始终是我国慈善事业的两大核心领域。在近现代转型期，受崇文重教社会风尚的影响，双林蓉湖书院、商立国民学校、崇善堂等慈善机构的设立，不仅彰显了江南市镇在教育资助、养老恤孤慈幼及赈灾救荒等方面的深厚基础，还体现了慈善理念及行为模式等方面的新变化。双林公共图书馆的捐建及其他地方公益事业的兴起，代表了转型期慈善事业从传统的救济扶困向更加系统化方向发展的特征，慈善事业不仅关注个体的生存需求，也开始触及社会公平、人文关怀等更深层次的问题。

当代双林慈善事业是在慈善高质量发展与共同富裕的国家战略下，伴随社会治理重心的下移和慈善力量向基层深化的趋势而发展起来的。相较于传统慈善，当代双林慈善涵盖了社区慈善、志愿服务、教育慈善、乡村振兴等诸多领域，体现了现代慈善事业的多样性和包容性，以及新的时代特点与社会需求的变化。与此同时，当代双林慈善对教育和扶危济困两大核心领域的持续投入，又体现出对传统慈善领域的传承与坚守。

教育慈善方面，双林镇承袭了崇文重教的优良传统，这一精神在历代社会贤达对教育教学的慷慨解囊中得以彰显与延续。中华人民共和国成立前后，沈炳麟先生对庆同小学的慷慨捐赠以及改革开放以后得持续资助是这方面的典型。现阶段，适应时代变迁和社会需求变化，双林教育慈善事业不仅停留在基础设施和各类奖教金的资助，还包括体育教育、职业教育、慈善教育等领域的发展。简言之，双林教育慈善事业在传承与创新的道路上稳健前行，既坚守了崇文重教的初心，又勇于探索适应时代发展的新路径，各类名目繁多的奖学金和教育慈善项目推陈出新，持续为我国教育慈善事业的发展贡献力量。

表 3-2 双林镇历史上对教育事业的捐赠（1869—1984）

创办时间/ 更名时间	名称	出资人	备注
1869 年（同治八年）	蓉湖书院	张春镛等缙绅，知县雷兆棠	
1902 年（光绪二十八年）	蓉湖学堂		废书院改设学堂，蓉湖学堂初称蓉湖二等学堂，初等与高等均有
1915 年	蓉湖国民学校	双林镇自治公所	改学堂为国民学校，附属蓉湖高等小学，校长郑定镏、吴佩仁
1934 年	双林商益小学	双林商会	校址在墨浪河畔原留婴堂内，校董事长由商会会长郑同赓担任
1947 年	私立蓉湖补习学校	沈邺人等人	
1948 年	私立庆同小学	沈炳麟	校址在双林金锁桥东堍
1949 年	私立蓉湖初级中学	热心桑梓人士	原址在祥和茧行，后迁址油车弄、斗姆阁、天成里，最后固定于墨浪河畔西港口原育婴堂

续表

创办时间/ 更名时间	名称	出资人	备注
1981 年	湖州市双林中学	1986 年沈炳麟捐资为学校兴建了"蓉湖科学馆"	1997 年成为省三级重点中学，2000 年成为市直属高级中学，2002 年升格为省二级重点中学
1984 年	庆同小学	沈炳麟先后捐赠 1500 余万元	湖州市郊区人民政府决定恢复"庆同小学"校名，沈炳麟任校董事会名誉董事长

在跨越传统与当代的漫长慈善历程中，扶危济困同样是双林慈善重点关注的领域，这既体现在自然灾害等突发事件面前的人道主义救援，也体现在日常生活中对社会边缘群体的常态化帮扶。而随着社会经济发展水平的提升和社会需求的变化，双林镇扶危济困相关的慈善项目也紧随时代步伐不断调整，一是致力于提升管理效率实现对帮扶对象的精准识别与高效援助，为此，双林镇巧妙借助南浔区慈善总会提出的"六无六有"综合救助体系，构建起一个高效协同的助联体平台，整合基本生活救助、专项救助、惠民补贴等相关资源，实现了慈善资源的优化配置，显著提升了扶危济困领域的慈善帮扶效率。二是将目光投向那些过去常被忽视的"低保低边"群体，致力于从根本上改善他们的生活境遇，满足相对弱势群体的多元化、个性化需求。

二、慈善文化的传承与创新

双林慈善事业的当代传承与创新，同样得益于恤老慈幼、乐善好施的传统文化，特别是近现代社会转型以来，以崇善堂、留婴公所、丝绢商会等机构为组织载体，以传统士绅和新兴富商为代表的双林有识之士致力于地方慈善和公益事业的发展，热衷于办学和教育，自古以来的公益精神是近代慈善文化传承和创新的主要推动力量。慈善文化是慈善事业生命力的延续和体现，为当代慈善事业的转型提供了适宜的文化土壤和丰厚的精神滋养。改革开放以来，正是在传统文化和政党文化倡导的双重影响下，双林"善人善举"层出不穷，施善者亦将慈善视为社会责任与担当，慈善组织和慈善捐赠日益活跃，活动范围扩展到社会公益领域，展现出基层慈善的新面貌。

一是对传统文化的培育与发掘。双林历史上崇文重教的优良传统，不仅彰显了双林镇深厚的文化底蕴，也为慈善事业的发展奠定了文化基础。近年来，双林镇政府携手社会各界，在培育和发掘传统文化方面采取了一系列富有成效的举措，主要包括以下两项（1）活化文化遗产，挖掘历史文脉。双林镇通过修缮历史建筑、布置陈列展厅等方式，让文化遗产在现代社会中焕发新的生机。特别是通过虹桥弄蔡宅的"双林历代名人乡贤陈列展厅"，向公众展示严、陆、凌、徐、郑、蔡等世族大家以及镇上头面人物的善行义举和教育贡献。蓉湖书院的创立等慈善事迹不仅丰富了双林镇的历史文化内涵，也激励了后人继续传承和发扬这种精神。（2）打造慈善文化品牌，创新文化传播方式。通过建设"双林青少年文化教育基地"、庆同小学"以侨为桥"慈善文化品牌等方式，双林镇不仅将传统文化与慈善教育相结合，培养当代青少年的慈善情怀，而且积极拓展文化交流渠道，通过与其他地区、国家以及国际组织的文化交流与合作，展示双林的文化特色和魅力，这不仅有助于提升双林镇的知名度和影响力，而且增强了双林镇慈善事业的吸引力和感染力。

二是大力发展新乡贤文化，培育社会精英人士的"桑梓情怀"。在当代双林镇慈善事业的蓬勃发展中，新乡贤群体扮演着举足轻重的角色，他们慷慨解囊、投身公益，通过资金捐赠、活动参与及项目发起等多种途径，为家乡的教育、医疗、体育、文化等多个领域注入了强劲动力。情系故里，回报桑梓，双林镇人民政府敏锐洞察此趋势，不仅积极参与南浔区发展促进会的相关工作，为搭建新乡贤与家乡联系的交流平台不遗余力，发挥新乡贤在慈善领域的桥梁和榜样作用。同时，双林还注重完善激励机制，通过政策优惠、资金扶持等手段，鼓励新乡贤在资金、技术、人才等方面为家乡提供更多支持，这种将公益慈善与经济发展相结合的思路，不仅促进了新乡贤与家乡的良性互动，还为双林的可持续发展注入新的活力和动力。

三是加强慈善文化基地建设，将现代慈善理念与传统慈善精神相结合，实现慈善文化的创新发展。慈善文化基地作为推动慈善文化"进机关、进企业、进社区、进农村、进家庭"的重要手段，是推动慈善文化深入基层、深入群众，厚植慈善事业社会基础的重要手段。双林镇在慈善文化基地的创建工作既是对崇文重教、崇义向善这一悠久传统的致敬与传承，也是对平等尊重、公开透明、慈善教育、公众参与等现代慈善理念的积极践行与弘扬。这一融合，不仅赋予了慈善文化新的时代内涵，也极大地丰富了其表现形式与影响力。以慈善文化基地为载体，结合"中华慈善日"和"慈善宣传月"开展慈善主题活动，展现了慈善事业参与共同富裕的新作为，有效激发了社会各界的慈善意识，推动了慈善事业的不断发展和创新。

三、组织化慈善的传承与创新

在"市镇慈善"时代，士绅、富商等地方精英是双林慈善事业的主要推动者。他们深受儒家思想的影响，在政府的鼓励下，将"仁爱""济世"等理念融入日常生活，通过个人善举、家族捐赠，或者丝绸商会等行业组织，资助当地的教育、医疗、养老等慈善事业。这种慈善模式，体现了地方精英对社会责任的担当，也彰显了他们对社会的深切关怀和无私奉献。随着社会的快速发展，现代慈善事业在传承传统慈善精神的基础之上，越来越倚重组织化、专业化的慈善组织开展慈善活动，为慈善事业注入了新活力。

一是组织形态的传承与创新。传统时代，慈善事业的推动者主要是士绅、富商等地方精英，他们以家族或个人的名义开展慈善活动，虽心怀善念，但受限于慈善组织化程度，慈善活动往往显得零散而有限。现代慈善组织涵盖了基金会、社会团体、社会服务机构等更加专业化的组织类型，从功能上可分为募捐机构、实施机构与协调机构等不同类型，不仅拥有现代化的组织架构和法人地位，更能够以系统化和规模化的方式，将慈善的触角延伸至社会的每一个角落，在扶危济困、教育卫生、环境保护等各个领域不断探索和创新慈善事业的新模式。当代双林慈善事业构筑起全域覆盖的慈善网络，村社、企业慈善工作站的模式有助于将慈善工作真正做到老百姓家门口，慈善基金（会）、志愿服务队的建立有助于整合区域内的慈善力量和慈善资源，实现资源的优化配置和高效利用。

二是组织运作理念的传承与创新。在市镇慈善的近代转型期，"教养并重"的慈善理念开始出现。在救济方式上，近代慈善事业不再只是单纯的慈善救济，还包括了慈善教育，不再以养为主，而是教养并重，以教为主导。这种教养并重的慈善价值在当代双林的慈善实践中得到广泛应用和发展。提供职业培训、教育机会和创业支持的慈善项目受到社会各界的广泛认可和支持。在南浔区《慈善造血型帮扶基地实施办法》等系列文件的支持下，双林镇探索"慈善组织+基地+贫困农户"的帮扶模式，正是对"教养并重"的慈善理念的传承与创新。除了更加注重培育弱势群体的生存能力和社会竞争力，注重慈善效果的可持续性以外，当代双林慈善组织更加强调参与主体的平等意识，

三是管理机制的传承与创新。近代转型期，双林慈善组织如蓉湖书院、崇善堂等，就已经表现出注重组织化管理的特征，通过制定明确的组织管理章程，确立组织基本架构和责任分工，特别是强调加强对资金收支的监督管理。当代慈善组织更加注重公信力建设，通过健全内部管理制度，加强信息公开透明等方式，增强公众对慈善组织的信任和支持。此外，当代慈善组织还通过建立第三方评估、自觉接受审计部门和社会各界监督等方式，确保慈善活动的合法合规和公开透明。

四是服务模式的传承与创新。传统慈善往往侧重于直接的物质援助，即"给钱给物"，这一方式虽然基础且直接，但随着时代的发展，其局限性日益明显。当代双林慈善在继承传统慈善扶危济困的基础上，不再仅仅满足于解决眼前的困境，而是将目光投向了更深层次的需求识别和精细化服务上。一方面，当代慈善组织通过组建具有专业知识和技能的服务团队，加强需求调研和识别，制定个性化的服务方案，确保服务效果最大化。另一方面，双林慈善组织积极倡导并实践跨界合作，

与政府部门、企业、其他社会组织建立起紧密的协同联动机制。这种多元化的伙伴关系，有助于及时了解各方的需求和资源情况，实现慈善资源的高效配置与利用。

第四章

当代双林慈善事业的典型案例

第一节　沈炳麟与应善良福利基金会的双林慈善足迹

一、"应善良"的初心与慈善缘起

沈炳麟（1913—2009）是香港著名慈善家、全国扶贫状元、应善良福利基金会的创办者。1914 年，沈炳麟出生于宁波市，祖籍湖州南浔双林，小学期间被父亲送到蓉湖书院读书。1930 年，17 岁的沈炳麟决定去上海当学徒，1938 年开始经营出口麻草帽生意，并创办"炽丰华行"。沈炳麟深受父亲沈庆同"积财不如积德"思想的影响，年轻时便与妻子一起许下心愿，尽自己最大努力去扶贫济困。他早年在"炽丰华行"内设立"应善良"股东账户，并以"应善良"股东名义在上海

《申报》设立"应善良奖学金",以帮助因家庭贫寒而难以求学的学生。

应善良,昭示应将善良作为立身处世的规范。沈炳麟对老子、孔子和关公信奉甚笃,认为人生在世,应以善良为本。即便是在二战期间,草帽出口生意遭受重创,沈炳麟在人生的低谷时期,依然没有放弃向善的心愿。他一边为生意寻找出路,一边暗自立下心愿:"有朝一日发达了,一定要为那些困难无助的人助上一臂之力。"这种在逆境中仍能保持慈善情怀与坚定信念的精神,无疑是对"为善最乐"这一人生理想的深刻诠释,也为后世树立了崇高的道德典范。

图4-1 庆同小学展示的沈炳麟生平及慈善捐赠事迹

二、庆同小学:慈善事业的开端与发展

1948年,因业务需要,炽丰华行迁往香港,不久,沈炳麟

接手友人创办的大业织造厂，出任该公司董事长。但无论身处何地，他"为善最乐"的理想从未改变。

正如多数华侨和港澳同胞都将捐资项目落实在自己的家乡，沈炳麟的慈善故事也要从庆同小学的捐建说起。1947年春，沈炳麟首次坐德基堡客轮去香港经商，在船上结识了日后的好友闵其祥，意在故乡双林镇捐建私立庆同小学。在闵其祥的具体操办下，这一善举迅速落地生根，1950年4月，私立庆同小学正式开学。岁月流转，1956年，私立庆同小学顺应时代变迁，由国家接管并更名为双林镇中心小学，但其作沈炳麟先生于家乡情感纽带的地位却历久弥坚。

改革开放以后，沈炳麟多次慷慨解囊，先后投资1500余万元为庆同小学捐建了教学大楼、教师宿舍楼、体育场、大会堂、电教室等项目，使得庆同小学的教学环境不断优化。为了保证捐建项目的顺利进行，沈炳麟不仅为每个项目奠基，还经常到工地视察。1984年，湖州市郊区人民政府决定恢复"庆同小学"校名，沈炳麟任校董事会名誉董事长，这不仅是对他长期以来无私奉献的认可，更是对他慈善精神的一种传承与弘扬。

除庆同小学以外，沈炳麟还以应善良福利基金会的名义在家乡双林先后捐建了庆苑公园、老年公寓、爱乡公路等20余个项目，改善了家乡的面貌与民众的生活质量。1980年，经过多方洽谈，沈炳麟终于与双林镇人民政府就捐建庆苑公园达成协议。庆苑公园占地16亩，先后投资60余万元，由上海市园林局工程师精心设计，园内布局精巧，并为纪念著名书法家费新我而建"新我亭"和修成青砖蜿蜒、书碑林立的"费廊"。园中还有沈炳麟捐献的古陶、古瓷等文物。之后，沈炳麟先后在湖州、台州椒江等地出资兴办敬老院、幼儿园、学校和医院，出资造桥、修路。1991年，湖州发生百年不遇的特大水灾，沈炳麟又资助36万元用于湖州安吉、德清等其他小学的教学楼重建。

沈炳麟的慈善义举受到党和政府的赞誉与肯定。1992年，湖州市人民政府授予沈炳麟先生荣誉市民称号；1994年，浙江省人民政府授予其爱心楷模称号；1995年，沈炳麟荣获由中国扶贫基金会、《半月谈》杂志颁发的全国十大扶贫状元，李鹏总理赞其"先生劳苦，功在千秋"①。

表4-1 双林庆同小学接受香港同胞沈炳麟先生捐赠项目及款项统计表

编号	项目名称	投资总额（万元）	捐赠资金（万元）	捐赠占比（%）	建设年限
1	旧礼堂	5	2	40	1983年
2	高段教学楼	25	25	100	1984年9月—1985年10月
3	教师宿舍	13	10	76.9	1988年12月—1989年4月

---

① 双林庆同小学内部资料，据访谈资料整理。访谈地点：双林庆同小学。访谈日期：2023年7月11日。

续表

编号	项目名称	投资总额（万元）	捐赠资金（万元）	捐赠占比（%）	建设年限
4	低段教学楼	20	13.5	67.5	1993 年 4 月—1994 年 5 月
5	原田径运动场填宕渣	35	23.1	66	1996 年 7 月
6	运动场建设	29.944	10	33.4	1996 年 11 月—1997 年 5 月
7	恩美楼	163	45	27.6	1998 年 2 月—1999 年 4 月
8	校园闭路电视	30	10	33.3	1999 年 4 月—1999 年 6 月
9	食堂	101.8492	30	29.5	2000 年 9 月—2001 年 3 月
10	校门拓宽	34.4	16.35	48	2005 年 1 月—2007 年 12 月
11	信恩楼（新综合楼）	312.7536	30	9.6	2006 年 11 月—2007 年 12 月
12	应善良礼堂	202.9297	30	14.8	2007 年 12 月—2008 年 11 月
13	新运动场建设	73.9723	30.75	41.6	2009 年 3 月—2009 年 7 月
14	应善良教学楼	453.2024	39.6	8.7	2011 年 8 月—2012 年 8 月
	合计	1500.0512	315.3	21	

三、应善良福利基金会：善行足迹遍全国

自庆同小学开始，沈炳麟开启了他跨越世纪的扶危济困、雪中送炭的慈善事业。他不仅在香港以"应善良"的名义向贫困群体派发大米、布匹及大量生活用品，捐建"陈恩美幼儿园"、学校、诊所等慈善事业，而且在上海创办"应善良福利基金"，为慈善事业的规范化运营提供组织支持。

1984 年，沈炳麟在上海购买一套房屋，作为"应善良福利基金会"的办事处，并邀请几位知心亲友共同讨论设计国内捐资项目的选择、实施、监理等工作。1988 年通过的《应善良福利工作精神守则》，将"扶贫救灾、雪中送炭、好事大家办、好事要办好"作为捐资宗旨，并逐步明确了慈善工作管理规则与管理流程。2004 年，国家颁布了《基金会管理条例》，根据条例规定，境外基金会可以在中国内地设立代表机构。鉴此，应善良福利基金依法更名为"应善良福利基金会"，并于2007 年在民政部注册登记为"应善良福利基金会（香港）上海办事处"，由国务院侨务办公室主管。

作为业务主管单位，国务院侨务办公室通过各地侨办系统帮助基金会牵线搭桥，对接项目信息，避免了"真正亟须资助的，找不到应善良；凭借私人关系找到的资助对象，却不大理想"的弊端，为基金会的发展提供了更多便利。自 20 世纪 80 年代至 2009 年去世，沈炳麟以应善良福利基金会的名义，在

国务院侨办及部分省市侨办等部门的关心和支持下，先后在贫困地区实施无偿捐资援建学校、医院、幼儿园、敬老院及捐助贫困学生等公益福利项目 1600 个，金额超过 1.5 亿元，捐赠项目遍布全国 27 个省（自治区、直辖市）445 个县（市、区、旗）①。2009 年，沈炳麟先生仙逝以后，其子女继承其"扶贫救灾、雪中送炭、好事大家办、好事要办好"的捐资宗旨，沿着先生"为善最乐"的足迹继续前进。截至 2023 年 12 月，应善良福利基金会在国内累计捐赠 2298 个项目，每年的捐赠资金总额稳定在 1000 万元上下②。

四、"好事大家办"：应善良福利基金会的核心理念

以现代慈善基金会的标准来看，应善良福利基金会无疑具有"非典型性"，不仅早期的许多项目都是由至亲好友协助操办，即便后来注册为正式组织，但其工作人员多数都是由退休老人以志愿者的形式兼任的，时至今日也没有走向多数基金会追求的"队伍年轻化、职业化"。在项目筛选上，基金会也会根据国内发展的实际情况，与时俱进地调整捐资领域和项目内容，但基金会早期定下的"扶贫救灾、雪中送炭、好事大家办、好事要办好"的捐赠宗旨始终未变。从项目的版图分布来

---

① 双林庆同小学内部资料，据访谈资料整理。访谈地点：双林庆同小学。访谈日期：2023 年 7 月 11 日。
② 应善良福利基金会（香港）上海代表处访谈。访谈日期：2024 年 7 月 26 日。

看，项目较为分散，单个项目资助金额不大，甚至不太考虑规模、影响和效应。

沈炳麟一直认为，个人的资金是很有限的，所以"好事要大家来做"，"哪怕蜻蜓点水，到处点几滴，如果能因此带动那里的干部群众的热情，那真是我所期待的，也是我所追求的效应"。因此，尽管应善良福利基金会的捐赠不要求任何回报，不带任何个人目的，但一直对合作伙伴有要求。"应善良福利基金会选择捐赠对象有三个先决条件：一是这个地方必须是贫困或者欠发达地区，存在民生项目的需求。例如，某些偏远山区，基础设施建设匮乏，急需资金改善交通等基本生活条件。二是当地政府确有诚意合作，真心实意为民办事。政府需积极配合基金会的工作，制定切实可行的方案，并确保项目能够顺利推进。三是捐赠项目已纳入政府规划，并有一定配套资金。这意味着项目具有一定的可行性和可持续性，不是孤立无援的。这样一来，基金会的捐赠起到了带头作用，解决了项目因资金缺口无法开展的难题，有力地推动了项目实施。并且，基金会在实施慈善项目的过程中不断积累捐赠的方式和方法，总结出符合国情的捐赠公式。根据不同项目的需求，计算不同的捐赠金额，捐赠比例大概占30%。如此，既能做到确实能解燃眉之急，又不铺张浪费，让每一笔善款都发挥出最大的效益。"①

可以说，"扶贫救灾、雪中送炭、好事大家办、好事要办好"是应善良福利基金会的核心宗旨，当年，沈炳麟先生的慈善行为不仅激发了多位港澳同胞、华侨纷纷慷慨解囊，更在项目所在地催生出一股捐赠暖流，干部群众、企业家纷纷响应，形成了慈善的良性循环。这与我们今天积极倡导的"慈善人人可为，慈善人人有责"的良好社会风尚异曲同工。

第二节　蔡崇信公益基金会致力于家乡公益事业

一、筑巢引凤·桑梓情深：蔡崇信公益基金会落地双林

蔡崇信祖籍双林，阿里巴巴集团联合创始人、董事局主席。

2016年，在当地政府的热情接洽下，蔡崇信先生携母亲及妹妹首次踏上双林故土，探访祖辈旧居。这次寻根之旅，触发了他为家乡、为社会做更多的善事的想法。2018年，蔡崇信再次回到湖州双林，正式发起成立蔡崇信公益基金会，专注于体育教育和家乡公益的发展。蔡崇信公益基金会，注册地址为南

---

① 应善良福利基金会（香港）上海代表处访谈。访谈日期：2024年7月26日。

浔区双林镇虹桥路 18 号虹桥弄蔡宅，这一选址体现了蔡崇信对家乡的深厚情感与责任担当。蔡崇信曾经说："南浔是我的老家，我们的公益项目要从这里开始"①。

蔡崇信先生通过成立公益基金会的方式表达了对家乡的深厚情谊，让蔡家先辈在双林的生活记忆得以传承与发扬，同时，通过一系列创新性的慈善活动，特别是对体育教育事业的专注，引领当地慈善事业新风尚，为双林慈善事业的发展注入了新的活力。

蔡崇信公益基金会以"以体树人、以业立人"为使命，重点关注体育教育，以关注家乡南浔公益为特色，助力年轻一代身心健康和全面发展，使其有能力掌握技能与树立正确的价值观，成为社会发展的积极贡献者。体育教育和家乡公益是基金会的主要项目内容。在家乡双林，蔡崇信公益基金会以捐建体育馆、捐赠修缮虹桥弄蔡宅（双林青少年文化教育基地）、设立蔡崇信奖学金、实施以体树人教育联盟公益项目等方式回馈及助力家乡教育文化事业的发展。2021 年 12 月，蔡崇信公益基金会获评为 5A 级社会组织。

二、"蔡崇信体育馆"：首个公益项目落地家乡

2019 年 2 月 20 日，蔡崇信公益基金会在双林镇举行了蔡

---

① 学党史忆侨史（96）蔡崇信：做公益，是最钟情的"投资"［EB/OL］.澎湃新闻，2022-08-02.

崇信体育馆捐赠仪式，向家乡双林捐资新建体育馆，用于家乡人民的体育健康事业，这是基金会成立以来的首个重大公益项目。

图 4-2　已经建成并投入使用的蔡崇信体育馆

体育馆建在双林庆同小学，同时向社会开放，以实现学校体育教育与社会体育的有机结合。蔡崇信公益基金会向体育馆项目捐赠总额 2660 万元，建筑面积 6000 平方米，可容纳 2000 多人。体育馆一层为恒温游泳池、乒乓球室和体操房；二层为室内篮球场，三面设看台，兼具礼堂功能。基金会同时为体育馆的长期运营提供各方面的支持。

三、家乡体育公益：以体树人的公益理念

蔡崇信公益基金会在全国实施"以体树人""一起上场"项目的同时，也将其理念和项目落地在家乡南浔，助力家乡体育公益。其中，以体树人教育联盟项目为南浔及湖州市总共有 69 所学校提供支持，包括培训老师、支持学生赛事、体育器

材捐赠等。

在蔡崇信公益基金会的支持下，双林镇的庆同小学、罗开富小学、镇西小学、双林二中、双林幼儿园等学校积极开展曲棍球、棍网球、篮球、足球、游泳等体育项目，让诸多双林儿童及青少年通过体育教育实现体质健康和以体树人。

四、修缮虹桥弄蔡宅

虹桥弄蔡宅作为承载着蔡氏深厚家族记忆与地方文化的古建筑，2019 年以前居住着 38 户人家，由于年代久远，蔡宅内部设施老化迹象明显，腐蚀的木板、掉落的墙皮，加上室内采光不佳，不仅影响了建筑的美感，更直接影响到居民的居住安全与舒适度。经与双林镇政府沟通协商，2019 年蔡崇信公益基金会决定向南浔区双林镇政府捐资 3000 万元，用于修缮虹桥弄蔡宅。

虹桥弄蔡宅位于南浔区双林镇虹桥路 18、20、22 号，分三路轴线、前后四至五进，占地 1844 平方米，建于清朝同治年间，由蔡氏后人所建与居住。蔡宅的修缮工作历时三年，涵盖搬迁、修复、布展等各项工作。修缮后的蔡宅于 2022 年 10 月 17 日正式启用，蔡宅由东西两路展厅组成，东路为"凤起双林——蔡氏家族历史陈列展厅"，以双林蔡氏家族为主线，围绕蔡氏源流、双林蔡氏先人，以及双林蔡氏代表人物蔡蓉升、蔡召成、蔡蒙、蔡止穆（熙）、蔡声白、蔡仁抱、蔡竞平、蔡六乘等人的传奇故事，展示双林蔡氏家族科举与工商并举，创业持家，从双林走向上海、走向世界的奋斗历程，及其崇文重教、崇义向善的人文传统，演绎"双林蔡半镇"的传奇人生，以一个家族荣光背影，再现中国人的家国情怀和人类生命中永续的光辉。西路为"蓉湖风华——双林历代名人乡贤陈列展厅"，重点展示双林历史上有影响、社会上有贡献的乡贤名人事迹，同时将双林古镇的历史及人文教育传统作为名人生长的土壤和重要基础，做铺垫性展示，以弘扬水乡名镇崇文尚教、代有人出的文脉，与蔡宅东路的"凤起双林——蔡氏家族历史陈列"形成呼应。

在古宅对外开放之际，蔡崇信公益基金会邀请了原居民重返故地，共同见证并参与这一历史时刻。古宅原居民蔡明明先生在参观后感慨道："如今我们回到这里，回到曾经的家，了解到双林竟然有如此多的文化名人，心里很激动也很骄傲。"蔡雨润也表达了相似的情感："现在再回来，看到老宅整体更敞亮了，砖雕门楼，落地花格长窗，船篷轩，这些建筑特色都保留下来了，这是历史得到了非常好的传承。"① 可见，这一举措不仅让居民们亲身体验到了古宅的华丽蜕变，也加深了他们对本土文化的认同与自豪感，实现了历史传承与现代生活的和谐共生。

---

① 来源于蔡崇信公益基金会家乡公益五周年画册。

图4-3 虹桥弄蔡宅的"蔡氏家族历史陈列展厅"

图4-4 虹桥弄蔡宅的"历代名人乡贤陈列展厅"

为配合虹桥弄蔡宅的良好运营,蔡崇信公益基金会和双林镇人民政府联合发起成立一家社会公益组织——湖州市南浔区凤凰公益发展中心,专门负责虹桥弄蔡宅的日常运营以及双林其他公益活动，这也是双林镇的第一家慈善组织。除运营虹桥弄蔡宅之外，凤凰公益发展中心还积极主动开展双林历史人文与慈善文化的挖掘与提升、开展青少年文化教育活动、公益合伙人支持等内容。

五、蔡崇信奖学金：经济帮扶与成长陪伴的项目策略

2018 年 8 月，蔡崇信公益基金会成立伊始便设立"蔡崇信奖学金"项目，为南浔区品学兼优但家庭经济相对困难的励志学子提供资助。项目以"自助、他助、助人"为价值理念，聚焦"经济帮扶"和"成长陪伴"，帮助孩子们点燃梦想，赢在未来。六年来，蔡崇信奖学金已累计资助励志学子 670 余人次，开展多次暑期公益研学、寒假同学会、读书会等活动 17 场，共有 500 多名优秀学生代表参与。①

图 4-5　蔡崇信奖学金 5 周年典礼暨 2023 年奖学金发放仪式

①　来源于蔡崇信公益基金会家乡公益五周年画册。

蔡崇信公益基金会一方面通过发放奖学金、开展爱心送学活动、举办校园座谈会、定期家访等形式，在经济及物质层面帮扶受助学生；另一方面，陪伴成长是蔡崇信奖学金的一大亮点，基金会通过举办寒假同学会、暑期公益研学、高考志愿填报辅导、读书会等活动，持续提升学生的综合能力，帮助其成长成才。

自2018年至今，越来越多品学兼优但家庭经济相对困难的南浔学子被发现、被点燃、被影响。对此，这些学子也感触颇深。在刚刚过去的2024年蔡崇信奖学金发放仪式上，一名来自南浔高级中学的获奖学生分享了自己的感悟："我出身于一个普通的家庭，自幼内敛不爱说话，也不自信。这次申请了蔡崇信奖学金参加了追光研学公益班，和同学们的相处让我收获了很多勇气和力量，这次的经历能让我更加自信地面对未来的挑战。"此外，在蔡崇信奖学金影响下，众多学子投身志愿服务，践行公益精神。如就读于浙江师范大学的郑海慧连续三年参与研学助教，加入学校社工服务队，坚持自学手语，立志成为服务弱势群体的手语律师。

第三节　庆同小学"以侨为桥"的慈善文化品牌建设

一、侨心接力：新老两代侨贤共筑爱心

庆同小学位于双林镇建德路，其历史底蕴可前追溯至清同治八年（1869）创立的"蓉湖书院"。1948 年，香港著名爱国同胞沈炳麟为感念桑梓、兴教助学之情而在家乡双林捐资办学，为纪念父亲沈庆同而将学校命名为庆同小学。校园内矗立着沈炳麟先生铜像，不仅是对其个人贡献的铭记，更是将"为善最乐，造福桑梓"的教育理念植根于学校文化之中，对一代代庆同学子产生着深远的影响。

经历 70 多年的开拓创新，庆同小学以独具特色的魅力和朴实无华的办学风格，得到了社会的广泛赞誉。学校先后获得了浙江省文明单位、浙江省示范小学、浙江省绿色学校、浙江省艺术特色学校、浙江省体育特色学校、浙江省科研兴校 200 强、浙江省科技示范校、全国少先队红旗大队、全国雏鹰红旗大队、全国中小学图书馆先进集体、全国足球特色学校、全国国防教育特色学校等一系列荣誉。

2018 年，新一代侨贤蔡崇信先生在庆同小学慷慨捐建蔡崇信体育馆，其秉持的"以体树人"理念，激励着庆同的学子们

146

追求全面发展，成为新时代的有为少年。蔡崇信公益基金会不仅为学子们提供了先进的体育设施，还通过引入多样化的体育赛事、校长研学活动、体育教师培训及棍网球等特色课程，推动了学校体教融合的深度发展。同时，蔡崇信体育馆的捐建也进一步促进了学校与侨贤文化的交流与合作。

庆同小学的创立与发展，体现着沈炳麟、蔡崇信等新老两代侨贤对家乡教育事业的深厚情感和热忱投入，也牵起了学校与侨文化的不解之缘。这正是庆同小学"以侨为桥"慈善文化品牌建设的核心驱动力，学校将坚定传承和弘扬侨贤文化，致力于培养青少年树立远大志向，通过讲好侨贤心系桑梓、反哺家乡的感人故事，培养具备社会责任感和历史使命感的优秀人才。

二、寻根溯源：以"桥"文化为纽带

双林作为水乡小镇，传统时代的交通体系依托于密集的河流网络，桥梁成为重要的交通节点和景观元素。历史上，桥梁的建设不仅体现了官方的推动，也彰显了地方乡绅的慈善与贡献。双林的桥文化蕴含着连接四方、服务民众的核心价值，同时也体现了博施济众、和谐共生的社会理念。双林三桥（由东至西分别为万元桥、化成桥、万魁桥）是第七批全国重点文物保护单位，其中最古老的化成桥始建于元代。几百年来，有关桥名、桥记、桥联、桥诗、桥俗及口承传说，组成了桥的可视

性与非可视性文化景观。作为社会经济发展历史的见证，古桥
已成为双林镇地域标志和文明进步象征。①

图 4-8 始建于康熙元年（1662）的双林万魁桥

　　作为双林的特色与标志性景观，古桥也是连接双林与在外
游子的情感纽带。这些历经沧桑的古桥，对旅居在外的双林人
而言，承载着深厚的地域文化印记，维系着他们对家乡的思念
与认同。早在民国时期，这份特殊的情感联系便已显现。当
时，旅居上海的双林公共图书馆创办者们，巧妙地以桥名命名
募捐队伍，这一举措不仅体现了他们对家乡古桥的独特情感，
也有效地增强了募捐活动的吸引力和社会认同感，展现了古桥
在凝聚人心、传承文化方面的独特作用。

　　时至今日，双林的古桥在海外侨贤寻根探源的过程中依然
扮演着桥梁纽带的作用。每当侨贤踏上归途，古桥以其古朴的

---

① 在湖州看见美丽中国·侨见好地方⑤｜传承古镇"桥"文化，汇聚两代
"侨"力量，湖州双林庆同小学"以侨为桥"励志教育基地［EB/OL］. 中
共湖州市委统战部，2022-01-12.

风貌和深厚的历史底蕴，更能唤起他们对家乡文化的深刻记忆
与强烈共鸣，成为连接过去与现在、故乡与他乡的重要媒介。
因此，双林的古桥不仅仅是历史的见证者，更是文化传承与情
感交流的使者，它们以无声的语言讲述着双林的故事，传递着
双林人的精神，成为双林不可或缺的文化符号。

三、以侨为桥：侨文化的传承与弘扬

双林侨贤资源丰富，他们虽身居海外，却心系故土，为家
乡的发展贡献了巨大力量。沈炳麟、蔡崇信等新老两代侨贤的
公益捐赠，也激发了其他在外游子的公益慈善热情。例如，
2023 年 10 月，双林乡贤、荷兰籍华裔音乐家沈永伟在庆同小
学的音乐教室内，给孩子们上了一堂有趣的管乐课，并为学校
和孩子们量身定做了一首管乐版的校歌。

庆同小学深刻理解水乡"桥"文化内涵，系统设计校园
"桥"文化，提炼出"桥道存心　度己度人"的文化核心，教
育学生从小成人之善、与人为善。以"桥文化"为纽带，庆同
小学通过校园景观、校史馆、体育馆等阵地连接"侨文化"，
让师生能够深入了解侨贤的历史与贡献，感受他们的爱乡情
怀。"以侨为桥"的文化品牌，将立德树人与文化寻根、励志
成才、报效桑梓融为一体，为海外侨胞提供了一个情感寄托和
文化交流的平台，同时也推动学校教育事业的国际化发展，培
养具有全球视野、国际竞争力和深厚民族文化根基的优秀人

才。2021 年，庆同小学入选"中国华侨国际文化交流基地""浙江省华侨国际文化交流基地"。

图 4-9　庆同小学展示的"双林文脉乡贤"

庆同小学将侨贤文化与校园文化相结合，彰显"侨"教育特色。自加入"蔡崇信以体树人教育联盟"以来，学校积极打造"以体树人"文化品牌，广泛开展羽毛球、足球、曲棍球等体育项目，充分发挥体育运动育人功能，让学生在汗水与拼搏中培养规则意识、团队协作能力、勇敢担当和不屈不挠的精神。同时，学校也以此巧妙地弘扬了海外侨胞热心公益、回馈社会的优良传统。通过组织各类体育赛事、国际交流活动和公益项目，如邀请海外侨胞参与学校的体育活动、与海外学生开展体育文化交流等，让学生在参与中感受侨胞对家乡的深厚情谊和对教育事业的无私奉献。通过体育这一国际通用的语言，庆同小学加强了与世界各地的联系与交流，进一步拓宽了学生的国际视野和跨文化交流能力。

第四节 费新我书画艺术发展基金会与当地文化事业

一、费新我：左笔大师的桑梓情怀

双林盛产绫绢，用绢作画写字，用绫装裱书画，双林与书画因此结下了不解之缘，近现代出过多位书画大家，费新我便是其中之一。费新我（1903—1992），原字省吾，号立斋，最终定名新我，生于双林，后定居于苏州，是我国现代著名书画家。1960 年，57 岁的费新我因右手残疾而被迫开始练习左手执笔，凤凰涅槃，浴火重生，终成为一代左笔大师。

费新我对家乡双林的情感特别深厚，他曾说："我迁居苏州已 50 多年，不少人以为我是苏州人，而我总是在字幅上盖上'吴兴人'字样的印章。湖州是我的第一故乡，好比叫母亲，是'姆妈'；第二故乡苏州，是'过房娘'，叫起来是'亲姆'。"这份深厚情感，不仅体现在他的言辞之中，更体现在他生前身后的诸多善举之中。费新我对双林的贡献是多方面的。

一是提议创办墨河画苑。双林以盛产裱绫画绢闻名遐迩，相传在乌桥港一带，人们常在河里浣洗绢绸，日复一日使"河水谓之成墨"，"墨河"由此得名。1978 年，费新我到双林时提议创办画苑，从事书画装裱，以解决青年就业问题。这一提议得到双林镇政府的赞同。次年 6 月，画苑建立，命名为墨河画苑，费新我为其题写招牌。1982 年画苑初具规模，爱乡人士沈季安父子捐资在庆苑公园门前修建一栋三层院落，作为画苑工作场地，来自全国各地的著名画家在此举行盛大笔会①。画苑多次举办展览，将双林书画艺术推向市场、推向全国，不仅提升了地方书画艺术的知名度，更为青年一代提供了学习与就业的机会，同时也造就了一批书画工作者和装裱艺人。

二是慷慨捐赠书画等相关作品。费新我还为家乡双林捐赠了大量珍贵的书画作品，丰富了费新我艺术馆及庆苑公园的文化内涵。在庆苑公园，"费廊内的碑刻是我经过多年的构思和精心撰写而成，一则表达我的思乡之情，二则也是对故乡的赞美，使外来游人更好地了解家乡的风土人情"。除了生前捐赠以外，在其仙逝以后，费新我的家人与亲朋继续秉承其遗愿，向费新我艺术发展基金会及艺术馆捐赠了大量作品与遗物，确保费老艺术精神的传承与发扬。此外，费新我还乐于为家乡的各类出版物题写报名与刊名，如为《吴兴报》《湖州日报》题写报名，为《湖州社会科学》《水乡文学》《市图书馆信息》

---

① 刘荣华. "岁月如流，不断新我"——纪念著名书法家费新我先生诞辰 120 周年征文选登（六十）［EB/OL］. 新我艺术公众号，2023-11-25.

题写刊名。他曾对侄子说，"只要家乡的公益事业需要，我会乐为其成"①。

费新我对家乡的公益事业始终保持高度关注与支持。他有一枚刻有"吴兴"的铜印，伴随他使用过大半生，当经过有关专家鉴定得知是元代书法家赵孟頫使用过的印鉴后，就忍痛割爱，转赠给湖州博物馆（现收藏于湖州博物馆内）。当从报纸上看到家乡遭受水灾时，费新我向湖州赈济办公室寄来100元人民币；当得知家乡建造新的图书馆时，80多岁高龄的费新我，亲自在家整理出500多册图书，其中有些是具有参考价值的书画艺术精本，也有从日本、新加坡带回的展品影印本。市图书馆也专门为他设了"费新我赠书柜"，以作纪念。当他得知湖州为发展教育事业成立教育基金会时，又当即寄来500元和一幅五尺长的书法条幅转交给市教育基金会②。

可以说，家乡的发展离不开费老的支持与无私奉献，但凡家乡有求，费老总是无条件答应。费新我曾在《我的摇篮》一文中深情地说："吴兴，水木明瑟，鱼蔬鲜盈；有三碑遗泽，丹旭先型；有孟頫管姬，韵事流芳，更有名世湖笔，特品裱绫。吴兴，我的摇篮，我的褓囊。"③

---

① 肖德润."岁月如流，不断新我"——纪念著名书法家费新我先生诞辰120周年征文选登（六十七）［EB/OL］新我艺术公众号，2023-12-16.
② 肖德润."岁月如流，不断新我"——纪念著名书法家费新我先生诞辰120周年征文选登（六十七）［EB/OL］.新我艺术公众号，2023-12-16.
③ 徐勇."岁月如流，不断新我"——纪念著名书法家费新我先生诞辰120周年征文选登（十六）［EB/OL］.新我艺术公众号，2023-06-16.

三是重建还金亭。还金亭是坐落在双林镇东栅大虹桥、小虹桥（又名望月桥）之间的一处古迹，始建于明弘治年间（1488—1505），是为颂扬"拾金不昧"之纪念碑，抗日战争时遭焚毁。1982年，费新我捐款重建，他说，"我以书作润笔所得，还金于社会，积蓄起来重建还金亭，也是我还金于家乡人民"。亭壁上有费老亲自题写的《重建还金亭记》。

四是以画为媒促侨捐。在20世纪80年代，双林镇能够吸引到香港侨胞捐资进行城镇建设以及兴建文教医疗设施项目实属不易之事。费新我以书画为媒介，翰墨传情，发挥着穿针引线的作用。比如，沈善成先生捐资建造的双林墨河画苑、双林文化中心等，以及沈炳麟先生捐资建设双林庆同小学、双林庆苑公园，费新我无论是项目的开工仪式还是竣工典礼总是有请必到，积极参与为民造福的公益慈善项目。在庆苑公园内，费新我为沈炳麟先生题写"令德隆情惠幼老，和风甘雨乐家乡"，不仅表达了对沈炳麟先生善举的赞美与感激，更成为两人深厚友谊与共同愿景的见证。而沈炳麟先生则通过建设新我亭与费廊的方式，来纪念费新我先生在书画艺术及公益事业上的卓越贡献，这一举动也进一步彰显了两位乡贤之间惺惺相惜、共同为家乡发展献力的深厚情感。

二、书画艺术发展基金会：服务于费新我艺术馆

费新我书画艺术发展基金会成立于2014年2月25日，

是由湖州市民政局登记管理的慈善机构，位于湖州市南浔区双林镇费新我艺术馆。业务活动范围包括书画艺术研究创作、交流和传播，青少年爱国主义教育和书画艺术培训，承办会议和书画展，文房四宝和工艺品展示，书画作品的收藏。基金会的主要宗旨是多方筹集资金，资助、扶持、推动文化事业的发展，为社会各界共同参与书画研究、繁荣书画艺术创作提供一个良好的平台。但其成立的初衷还是为费新我艺术馆服务。

费新我是双林镇走出来的艺术文化名人，在近一个世纪的艺术生涯中笔耕不辍，以开拓创新和超凡脱俗之境界成为20世纪中国书坛唯一以"左笔"蜚声海内外的书法大家，其逆境拼搏"不断新我"的艺术精神影响了众多学子，并得到党和国家领导人的赞许。为弘扬费新我先生的精神，进一步打响双林镇"书画之乡"的品牌，双林镇人民政府投入4600万元，建造费新我艺术馆。艺术馆位于双林镇凤凰文化广场北部，建筑面积3290平方米，分上下两层。一层以"新我之路——费新我生平与艺术陈列"为主题，集中展示费新我的艺术人生和书画作品，分墨河孕珠、沪上谋生、姑苏创业、逆境奋搏、左笔旋风五个单元展出费老生平事迹和相关的影音资料，并从早期美术活动、国画新风、新我书法三方面展现费老的艺术作品。二层为书画名家工作室，供全国名家切磋交流，不定期邀请中国书协成员、社会名家前来参观、创作和指导，为艺术收藏品爱好者提供集鉴定、展览、拍卖、评估和销售为一体的书画作品市场交易所。此外，艺术馆还设有临时展厅，不定期展出全国名家作品。①

2013年12月21日，双林镇举办"纪念费新我诞辰110周年暨艺术馆开馆仪式"。从建设到运营，费新我艺术馆的所有经费都来自双林镇人民政府，特别是后期运营经费，每年也是一笔不小的开支。"因为地处乡镇，费新我艺术馆很难申请到事业编制，这在一定程度上导致了经费和人员的不确定性。成立基金会一方面可以开拓资金来源，补贴艺术馆的开支；另一方面可以更好地链接慈善资源，多方参与，服务于地方文化艺术事业。"②

费新我书画艺术发展基金会没有专职工作人员，基金会的财务工作也是由艺术馆财务兼任。据基金会中心网数据，费新我书画艺术发展基金会原始基金212万元。访谈发现，其大部分来自本土的一些企业家捐赠，也包括一些个人捐助。2019—2022年，基金会年度收入均为0元，年度支出在4万~11万元不等，主要用于作品集服务费、扶贫救助、困难人员补助等，特别是用于与费新我、双林镇书画艺术推广发展有关的活动，例如，购入相关书画作品，再捐赠给费新我艺术馆，或者偶尔

---

① 纪念一代左笔大师诞辰110周年，费新我艺术馆开馆［EB/OL］. 西泠印社，2013-12-23.
② 费新我艺术馆馆长访谈。访谈地点：费新我艺术发展基金会。访谈日期：2023年6月19日。

出版一些艺术类的图书。由于当前费新我艺术馆的财政经费相对稳定，所以需要基金会支出的款项不多。

二、艺术发展基金会对当地文化事业发展的贡献

作为艺术类慈善组织，费新我艺术发展基金会对当地文化事业的发展起到了显著的推动作用。首先，它构筑了艺术文化交流的重要桥梁，费新我艺术发展基金会及费新我艺术馆成为双林镇文化展示与服务的核心窗口，为公众提供了艺术欣赏与美育普及的公益平台。自创立以来，费新我艺术馆已成功举办包括"陆俨少·费新我书画学术文献展""张海捐赠作品展""清风徐来——李岚清素描作品展"等在内的 50 余场展览，这些活动不仅促进了民间书画艺术的传承，也为文化事业的繁荣注入了源源不断的活力。

其次，基金会促进了书画捐赠的进行，既包括与费新我有关的书画捐赠，也包括一般的公益慈善书画捐赠。前者如费再扬、万德榆夫妇及费新我的生前好友、弟子向费新我艺术馆捐赠费新我的作品；后者则通过基金会和艺术馆的名义，向企事业单位、非营利机构如上海杉达学院图书馆、湖州市文史研究馆等捐赠费新我的作品和书画文集，以及向辽宁爱之光防盲基金会等慈善机构捐赠书画作品，这些捐赠为艺术交流、优秀传统文化传播和公益慈善事业做出了积极贡献，并为民间收藏者提供了藏品展示与保管的空间。

再次，基金会致力于公益讲座和培训活动的组织，不仅为年轻人提供了丰富的书画研学体验，还针对传统装裱手艺的传承进行了积极培育。双林是绫绢之乡，也是书画装裱重镇，但老艺人的手艺在慢慢流失，费新我艺术发展基金会连续三年举办装裱手艺人培训班，累计培养了四五十名学员，有效促进了当地民间书画艺术和绫绢书画裱装技艺的传承。

此外，基金会深入挖掘了双林地方文化的独特魅力，以书画艺术为核心，梳理当地文化发展脉络，指导当地名人故居建设，不断拓展公共文化空间，进一步提升了双林书画文化的知名度和美誉度，有效激发了当地文旅产业的发展潜力。

最后，基金会充分发挥了文化志愿服务站的功能，利用其在艺术领域的优势，助力当地农村文化礼堂的建设。无论是春节前的文化下乡活动，还是日常在各村文化礼堂的书画作品展示，都为丰富村民的精神文化生活、构建和谐的文化家园贡献了重要力量。

第五章

新时代乡镇慈善的现代化之路

第一节　"乡镇慈善现代化"的时代命题

中国慈善事业源远流长，每一时期的慈善事业都有其鲜明的时代特色。传统社会，受儒家"仁政"思想的影响，历朝历代都设立了诸多官办慈善机构，体现了政府在慈善领域的责任与担当。同时，民间也涌现出众多名留青史的慈善家，特别是传统社会"皇权不下县"的政治格局中，政府的力量非常有限，在县以下的经济、政治、文化、教育、卫生、体育、社会保障等诸多重要领域，政府基本上采取放任自流的态度，乡绅、宗族等地方力量通过组织善会、善堂等方式救济灾民，维护基本的社会生活秩序。宗教慈善、宗族慈善、官办慈善构成了传统慈善的主要内容。

当前，我国慈善经历了传统向近代、近代向现代的两阶段转型。第一阶段发生在鸦片战争以后，国内各种力量救亡图存的艰难探索，西方文化和慈善思想的传入，推动着中国慈善事业从传统向近代的转向。第二阶段即慈善事业的现代化转型正在进行中。中华人民共和国成立以后，我国慈善事业经历了长时间的停滞，后又伴随改革的春风以及各项社会主义现代化事业的推进而迎来新的发展机遇。党的十八大以后，在推进国家治理体系与治理能力现代化的新征程中，中国慈善事业现代化作为一项系统工程重新受到关注和审视。"发展新时代慈善事业""推动新时代慈善事业高质量发展""加快建设具有中国特色的现代慈善体系""慈善事业助力实现中国式现代化"成为学界讨论和探索的重大课题。

一、"中国式慈善现代化"的顶层设计

新中国成立以后，中国的慈善事业经历了一个曲折发展的过程。在长期的沉寂和停滞后，伴随着改革开放的钟声，慈善事业逐步得以复苏并重新发展。1986 年，民政部提出了"社会福利社会办"的思路，1981 年，中国儿童青少年基金会成立，释放出发展慈善事业的信号。随着各项社会主义现代化事业的推进，政府和社会对于慈善事业的认识不断深化，1994 年 2 月，《人民日报》发表题为《为慈善正名》的社论，明确指出"社会主义需要自己的慈善事业"，慈善也逐步获得了更大的发

展空间①，但作为一项系统工程的"慈善事业现代化"是在党的十八大以后才被提出。2013 年，党的十八届三中全会首次提出"国家治理体系与治理能力现代化"的总目标，以社会组织为主要载体的现代慈善，无疑是国家治理体系和治理能力现代化建设的重要内容。

从功能上来讲，慈善事业是利国利民的伟大事业，是我国多层次社会保障体系的重要组成部分，是我国基本经济制度特别是收入分配制度不可或缺的一部分，是我国社会治理体系的重要内容，也是社会主义核心价值观的重要体现。但由于我国慈善事业起步较晚，发展滞后的局面尚未从根本上改变。2020 年，全国人民代表大会常务委员会执法检查组《关于检查〈中华人民共和国慈善法〉实施情况的报告》指出，我国慈善事业发展与社会财富量级、第三次分配的地位不相匹配，在多层次社会保障体系中的效能还需进一步激发。

发展现代慈善事业，要以中国式现代化为引领，以助力中国式现代化为目标，以探索现代慈善事业发展的基本规律为基础。从战略定位上讲，新时代的慈善事业应自觉与国家治理体系和治理能力现代化的目标相结合，充分认识到慈善事业在促进共同富裕、物质文明和精神文明协调发展以及补充社会保障、协同社会治理等方面的重要功能。战略定位离不开顶层制

---

① 彭柏林，陈东利. 中国特色社会主义慈善治理的经验与展望［J］. 伦理学研究，2021（2）：30-37.

度设计，需要党和国家继续完善我国慈善事业相关的法律法规和政策体系，完善慈善服务监管体系，努力提升慈善事业专业化规范化水平，改良行业生态，激励更多有意愿、有能力的企业、社会组织和个人积极参与慈善事业，营造全社会共同支持慈善事业的浓厚氛围。

（一）现代化的慈善法治环境

法治环境对慈善事业的发展至关重要，修订慈善法，推动出台推进新时代慈善事业高质量发展的政策文件，进一步健全和落实公益慈善事业扶持激励政策，为慈善现代化提供更有力的法治保障和政策支撑。近年来，我国发布了包括《中华人民共和国慈善法》在内的 40 个与慈善事业发展相关的文件，但仍然面临法律及配套政策不完善、政策衔接不顺畅等问题。国家应重构以《中华人民共和国慈善法》为核心的慈善事业发展政策体系和管理制度，特别是以《社会团体登记管理条例》《基金会管理条例》《民办非企业单位登记管理暂行条例》为基础，制定统一的社会组织管理条例，为慈善组织登记认定和内部治理提供具体依据。完善包括股权等非现金财产捐赠、慈善信托、慈善捐赠及社会组织运行相关的税收政策和法规体系，创新表彰形式，落实综合激励政策等。

（二）现代化的慈善服务监管体系

鼓励支持和监督管理并重，推动各地建立慈善事业协调机制，强化对各类公益慈善活动的管理服务，加强自我约束、社会监督、行业自律和政府监管。实施阳光慈善工程，督促慈善组织、慈善信托的受托人履行信息公开义务，确保慈善事业持续健康发展。

（三）专业化、规范化的现代慈善组织

作为慈善事业的主要载体，慈善组织的专业能力和治理水平是慈善事业高质量发展的基石。当前我国慈善组织独立性欠缺，"理事会不理事，监事会不监督"的现象仍然存在，行业能力和治理水平仍待提升。一方面要继续加强慈善组织治理能力建设，优化完善慈善组织章程和内部管理规定，建立透明、高效、规范的慈善管理体制和运行机制。另一方面要引导慈善组织通过建立行业联盟、制定行为准则、开展信誉评价、建立承诺机制等，加强行业自律，提升行业治理水平。支持第三方机构对慈善组织的内部治理、财务管理、项目运行、信息公开等进行评估，以专业评价和社会监督助力推进慈善事业高质量发展。

（四）现代化的慈善行业生态

行业生态现代化要求不断创新公益慈善的发展方式，一是要重点加强枢纽型慈善组织建设，充分发挥各级慈善总会在信息传递、资源匹配、专业发展、平台支持、统筹协调等方面的桥梁纽带作用。二是要引导更多资助型基金会发挥行业赋能作用，推动慈善项目资助方、慈善项目运营方、慈善行业支持方协同发力，协调发展。三是要完善公益信托，引导社会各界特别是高收入群体和企业家设立慈善信托，鼓励更多先富家族投身慈善事业，树立良好家风、实现善财传承。四是大力推进"互联网+慈善"，为社会公众参与慈善事业、慈善组织募集慈善资源、困难群众求助搭建更加便捷的平台，开辟大众慈善、全民慈善的广阔空间。

二、"乡镇慈善现代化"的意义与要求

在推进中国慈善事业现代化的进程中，乡镇慈善的重要性日益凸显。2021年，中共中央、国务院印发《关于加强基层治理体系和治理能力现代化建设的意见》，强调，要"完善社会力量参与基层治理激励政策，创新社区与社会组织、社会工作者、社区志愿者、社会慈善资源的联动机制"。乡镇慈善事业是推进基层社会治理的重要力量，可通过提供专业服务、开展志愿活动、链接慈善资源、构建行动网络、参与政策倡导等多种方式灵活参与基层社会治理。然而，要有效推进慈善资源融入基层社会治理，必须尽快推动乡镇慈善现代化。这既包括要加强乡镇慈善主体的多元化、乡镇慈善组织的专业化等能力层面的现代化，也包括要加强乡镇慈善组织融入基层治理的体系层面的现代化，还包括乡镇慈善组织的公共性和嵌入性等理念层面的现代化。从系统论的观点来看，能力、体系和理念构

成基层慈善现代化的三个基础性要素，或者说，三个重要维度。

其一，基层慈善资源和慈善服务的有效传递需要多元化的慈善主体和专业化的慈善组织。长期以来，我国慈善捐赠活动以企业为主，个人捐款规模不足，特别是在基层，即便是社区基金会的资金来源也以企业捐赠为主，居民的社区归属感和参与意愿较低，主动参与慈善组织捐赠的意识和意愿也都比较低。如何调动社区居民参与乡镇慈善的积极性？这首先需要多元化的慈善主体，社区社会组织、社区志愿者队伍、社工机构、社区基金会、慈善超市等慈善主体可以发挥各自的优势，调动、协调社区内外资源，合力提升居民福祉和社区、社会发展水平。然而，目前，我国乡镇慈善工作的推进还停留在建制阶段，有些村（社区）慈善组织是按照相关政策要求自上而下设立的，平时很少开展活动，也无专业人员，居民知晓率非常低；部分政府驱动型的乡镇慈善组织在政府资源撤出后独立生存能力堪忧，也缺乏居民需求导向的慈善项目。

浙江省《关于加快推进慈善事业高质量发展的实施意见》要求，到2025年，全省基本形成组织化、多元化、专业化、智慧化、规范化的新时代慈善事业高质量发展新格局，这对全省特别是乡镇慈善组织的发展提出了新的要求。然而，综观各地乡镇慈善事业，虽然多数已经建构了以慈善会系统为主体的三级慈善网络，在村（社区）成立了村级慈善帮扶基金、社区慈善基金（会）、（村）社区工作站等建制化的机构，实现了慈善组织的纵深发展，但现代慈善组织的专业化还要求乡镇慈善组织和从业人员在慈善项目设计、线上线下募捐、慈善项目管理、慈善活动推广等方面应具备更多专业知识和技能。应该说，乡镇慈善人才队伍的职业化、专业化道路还有很长的路要走。

其二，乡镇慈善现代化不能忽视慈善体系的现代化。体系和能力是一个相辅相成的有机整体，体系具有整体性、协同性、层次性和关联性等系统特征，是能力现代化得以展现的内在载体。这一方面是慈善组织自身的体系化建设，当前，我国基层社会组织、社会工作、志愿服务、公益慈善等不同领域涵盖的内容数量庞杂、类型多样，在微观层面，各方融合发展将促进共生共荣，缓解发展中的碎片化问题，有利于探索慈善事业高质量发展新路径；在宏观层面，多方融合发展将有效畅通社会领域的要素流动，充分释放社会领域发展潜力。可以说，在明确各类慈善组织的功能定位、运行规则、操作机制的基础上，完善相关法规政策体系、监管体系、激励体系，在多元主体间建立有效的协作和联动机制，形成"慈善+社工+志愿者"多元化联动服务共同体，是创新慈善模式、提升慈善效率的重要途径。另一方面，慈善组织融入基层社会治理的体系化建设同样重要。具体而言，一是要加强党建引领。党建引领是推进慈善力量融入基层社会治理的政治保证，要充分发挥基层党组织战斗堡垒作用和党员先锋模范作用，强化组织引领和行为示范，广泛凝聚社会贤达人士、地方经济精英、慈善组织、志愿者等多方力量，形成慈善力量融入基层社会治理的强大合力。二是要加强基层民主协商中的慈善力量。伴随从传统向现代的转型，慈善事业已然从狭义的"扶危济困"式的"小慈善"走向关注整个社会进步的"大慈善"，慈善组织提供公共服务日渐成为常态。在此过程中，慈善组织处于城乡社会第一线，了解民众的迫切需求，具备满足公众在协商民主各方面诉求的潜力，因此，慈善组织要把基层民主协商作为工作重点，熟悉协商民主所具备的基本知识和技能，及时化解矛盾和冲突，最大限度地寻找社会共识，整合不同群体的利益，形成社会治理的合力。

其三，乡镇慈善现代化不能忽视慈善理念的现代化。现代慈善的典型特征是慈善事业从少数精英慈善走向大众慈善，从济困的狭义慈善走向关注整个社会进步的广义慈善，因此，慈善理念现代化不仅指专业慈善组织所持有的现代化慈善理念，还需要整个社会具有现代化的慈善理念。一方面，乡镇专业慈善组织需要具备大慈善的理念，不仅要关注当前所需，更要注重分析问题的深层次原因，以推动制度性、长期性的改变。另一方面，乡镇专业慈善组织要在广大群众中宣传全民慈善的理念，厚植慈善文化、培养慈善情怀，形成社会互助公益精神和现代财富观等。为此，乡镇慈善理念的现代化要以公共性和嵌入性为基础。公共性意味着慈善项目必须服务社区整体利益，而不仅仅是个别群体或组织的利益。在制定和执行慈善项目时，应当广泛征求社区居民的意见和建议，确保项目的设计和实施与社区需求相契合，以增强社区的凝聚力和认同感，培育社区参与精神和共同体意识。嵌入性是指慈善活动不再是外来的、临时性的干预，而是与社区生活深度融合。通过与当地社区组织、机构的合作，慈善项目与社区其他资源和服务相互衔接，成为一个有机整体，这不仅可以提高慈善活动的可持续性和影响力，还能促进社区资源的整合，实现互利共赢。只有不断支持专业慈善组织下沉到街道和社区，下沉到群众最有需要的地方，慈善事业才会被深度看见，被公众更深入地感知，才能让更多的人了解慈善、关心慈善、支持慈善、自觉投身慈善，进而形成人人慈善的现代慈善理念，为慈善事业发展营造良好的社会氛围。

第二节　既"传统"又"现代"的乡镇慈善

慈善现代化的核心目标是实现慈善活动的组织化、专业化和规范化，提升其社会化运作能力和服务效能，并推动慈善从传统救助向发展型、服务型慈善转型，更好地服务社会需求和国家战略目标。然而，在一些具有深厚传统文化根基的慈善活动中，民众的参与热情往往更加高涨。尤其是在乡镇层面，与通过正式制度设计的标准化慈善相比，那些基于共同体纽带、依托熟人网络和情感联系的传统慈善形式，依然展现出顽强的生命力。因此，乡镇慈善的现代化进程中，不仅体现出组织化、专业化的现代面向，也深刻保留了传统慈善的文化根基。

一、乡镇慈善的"现代化"面向

慈善无国界，慈善事业有国情。① 一个国家的慈善事业发展必须符合该国的国家制度和经济社会发展的需要。"中国式慈善现代化"作为国家治理体系和治理能力现代化的重要组成部分，深受国家制度安排的影响，国家基本经济制度、社会保障制度、社会治理制度对慈善事业的接纳与否，直接关系到慈善事业发展的前程和路径。因此，我国现代慈善事业需要在国家现代化和共同富裕的进程中确立定位并发挥独特功能。例如，要尽快推进慈善事业的组织化、专业化、规范化发展，培育慈善品牌，完善信息披露制度，提高慈善事业的社会公信力；坚持慈善事业的公益属性，弥补市场失灵，协助政府做好公益类事务，不断满足人民需要；大力培育社区慈善组织，利用社区民主协商机制和五社联动机制，切实推进社会治理重心下移和社会治理共同体建设。

① 郑功成.中国慈善事业发展：成效、问题与制度完善［J］.中共中央党校（国家行政学院）学报，2020，24（6）：52-61.

首先，乡镇慈善的现代化面向是将乡镇基层慈善事业与国家共同富裕、乡村振兴等国家战略联系起来的现代化，发挥乡镇慈善在现代社会治理中的责任与担当。这方面的重点领域主要有两个：一是低收入弱势群体和困难家庭、困难人员的各类帮扶，涵盖助医、助困、助学、助老、助残、助孤等困难救助；二是着力带动低收入群体增收致富，改善家庭收入水平的"造血型"帮扶，主要通过与地产、银行、企业等多部门合作，以"党建引领乡村振兴"的各类项目为主体，采用"资金扶持+基地+贫困农户"的合作方式，为低收入家庭提供就业途径，走上可持续性的致富道路。

其次，乡镇慈善现代化建构了现代慈善组织体系与治理规则。目前，浙江、广东、福建、江苏、四川等多地都在探索建立"区—镇—村"三级慈善组织体系，其中浙江的探索走全国前列，以双林镇为例，全镇 34 个村社慈善工作站实现全覆盖早在 2018 年就已完成。基于三级慈善组织建构，南浔区慈善总会完善出台了资金管理办法、慈善救助办法、冠名基金管理办法和捐赠表彰办法等一系列制度建设，规范慈善行为，推动乡镇慈善的常态化运行和高效运转。乡镇现代慈善组织体系的完善，不仅有利于打通慈善"最后一公里"，拓展乡镇慈善救助的新功能，而且有助于开辟慈善文化传播的新路径，形成一大批社会爱心人士投身公益慈善事业的社会氛围，丰富社会治理新实践。特别是"慈善+社会组织+社工+志愿服务"融合发展的格局，为五社联动机制的完善和基层治理能力的提升奠定了基础。

最后，着力构建大慈善格局和全民慈善氛围。伴随慈善事业的发展实践和时代的进步，慈善组织和社会公众广泛参与包括教育、医疗、科技、文化、体育、环境保护、社会服务等诸多有利于社会公益的活动，慈善活动的领域也远超扶危济困的"小慈善"范畴，向"大慈善"格局迈进。"大慈善"格局体现现代慈善理念，凡有利于社会公益的活动都可纳入慈善范畴，慈善事业也就真正变成一项"全民的事业"，必须充分激发全民的爱心、调动全社会的热情，使全社会共同关心、支持和参与慈善事业。各地在构建"人人慈善"的社会氛围方面不断拓展创新，如开展"慈善文化宣传月"，慈善文化进机关、进学校、进社区、进农村、进家庭的"六进"主题活动；加强慈善表彰，设立各级各类"慈善榜"；推出慈善文化主题公园、设计慈善标识、慈善吉祥物；创建"慈善社区""慈善之城"；推广义卖、义诊和法律咨询等慈善服务，普及慈善理念，弘扬慈善文化，努力营造积极慈善的新社会风尚。

二、乡镇慈善的"传统"面向

我国现代慈善事业是伴随中国特色社会主义制度的确立和当代中国经济社会环境的变迁，在对传统慈善的扬弃和现代慈善的融合中形成的独具特色的发展之路。但慈善的现代与传统之间并不是相互排斥或线性晋级关系，在具体实践中，慈善可以有多种样态，它既可以是专业的，也可以是非专业的；既可以是职业人员从事的专业活动，也可以是偶尔为之的志愿行为。这意味着，慈善不可能变成完全的现代组织化慈善，它仍然具有基于"共同体慈善"的传统面向，并且，越在基层，强调地域性、多样性、非正式性的传统慈善特征越发明显。

一是行政动员色彩浓厚。现代慈善事业的发展要处理好政府与社会的关系，政府是推动慈善事业高质量发展的先决条件，离开了政府对慈善法治环境的完善和对慈善活动的支持，慈善事业很难发展为一项伟大的社会事业。与此同时，现代慈善是建立在"政社分开、权责明确、依法自治"的慈善体制之上的，"政府主导下的慈善组织独立运作"被看作较为健康合理的政社关系形态。慈善组织独立自主地开展资金募集，开展慈善项目的实施和运作，打造自身的社会公信力，是慈善事业高质量发展的内在动力。然而，"官办慈善"的传统在我国一直长期存在，由于历史积累因素和现实科层情况，各地慈善会系统的"去行政化"改革并不彻底，这在乡镇慈善会系统尤为明显。各乡镇慈善分会由于成立时间较短，缺乏完善的理事会运作机制，会长、副会长等重要职务均由镇长、副镇长担任，缺乏专业人员，服务品牌化与项目化运作意识淡薄等原因，其运作与管理仍然具有浓厚的行政化色彩。

以募捐活动为例，"一日捐"活动是许多乡镇进行慈善筹款的重要工作，但许多乡镇慈善分会仍然主要通过指令性劝募来进行慈善筹款。许多地方在这种募捐活动中规定了详细的捐款标准，如按照职务高低、企业税收规模等明确指定或"建议"具体的捐款数额。有些乡镇慈善分会则要求"动员全民参与，人人献爱心，户户捐善款，村（居）民参与率力争达到100%"①。还有些乡镇慈善分会对培育慈善冠名企业的数量目标给出了明确的任务。慈善捐赠应建立在自愿基础之上，而不是一种强制性的约束和命令，行政动员式的募捐已经不能适应现代慈善事业发展的需求，且对慈善事业的发展形成制约，但短期内看，如果没有行政动员，乡镇慈善的资金募集能力或许会大幅下降。

表5-1 部分乡镇慈善分会"一日捐"活动动员方案

文件名称	文件表述
浙江省衢州市四都镇人民政府关于开展2022年全镇慈善一日捐活动的通知	在自愿捐赠的基础上，为便于操作，由镇根据实际提出相应的捐款额度：正科500元，副科300元，一般干部职工100元，编外人员50元；其他人员视情自主捐款；村两委干部和村务工作者捐款额度原则上不少于50元，村书记不少于100元
江苏省南通市马塘镇慈善工作实施方案（2018）	"附件：马塘镇慈善分会、村（社区）慈善工作站劝募目标"：马塘镇慈善分会300万元，市河社区慈善工作站等18家村社慈善工作站各20万元

① 马塘镇慈善工作实施方案［EB/OL］. 如东县人民政府，2018-10-07.

续表

文件名称	文件表述
浙江省宁波市鄞州区姜山镇人民政府关于开展第二十一次"慈善一日捐"活动的实施意见	"附件：姜山镇各村基金增益捐款标准"：董光村等 51 个村单位基金额在 20 万~45 万元不等，应缴基金增益额在 2 万~4.5 万元不等；6 个经济合作社的单位基金额和应缴基金增益额分别为 20 万~30 万元、2 万~4 万元
安徽省六安市丁集镇 2022 年慈善一日捐活动方案	"附件：各村居任务分解表"：13 个村在 3000~4800 元不等
安徽省六安市城南镇关于开展 2023 年慈善一日捐活动的通知	主职领导每人 500 元，班子成员每人 300 元其他行政事业人员每人 100 元，自聘人员 30 元，各事业单位参照执行；村级慈善工作联络站新增募捐为 1 万元（含）以上，多者不限。机关和企事业单位工作人员参与率达到 95%以上，农村党员参与率达到 80%

二是捐赠与受益均体现出明显地缘和互助色彩。现代慈善强调平等、互助、博爱、共享的新型社会价值观，是超越了血缘、种族、地缘关系，没有亲疏差别的"大慈善"，也因此，我们常常批评建立在血缘和地缘基础之上的传统慈善是"小慈善"。然而，在乡镇慈善现代化的实践中，我们仍然能够看到慈善的地域和互助色彩。例如，有些乡镇慈善分会的资金募集方案里明确了"谁募谁用，自募自用""镇募镇用""村募村用""自募自助""谁出资谁受益"等原则，特别是村（居）募集的善款全额归村（居）慈善工作站所有，用于本村（居）困难群众的救助和公益事业。

以地缘为纽带，以互助为基础，慈善组织深入基层，唤起家乡能人的"桑梓情怀"和民众的慈善捐赠意识，开辟了更广泛的善款募集渠道，增强了村（居）的救助实力。早在 2012 年，双林镇黄龙兜村就成立了全区首家村级慈善工作站，当年即募集慈善资金 50 余万元。2020 年，华桥村 10 余名乡贤联合成立"桥之乡支持基金"；2023 年，90 多岁高龄的退伍老兵、老党员徐云昭慷慨捐赠 100 万元，设立双林徐氏家族教育爱心基金，用于资助双林二中品学兼优和家庭困难的学生。笔者调研发现，在乡镇，捐赠人的确更愿意给自己的家乡捐款。例如，有受访者强调了桑梓情怀，"我是土生土长的双林人，满怀对故乡深厚的感情，把爱心奉献给家乡的教育事业，也将对教育的爱心作为家训家教传承和发扬下去"①。

以地缘为纽带，以互助为基础，村（居）慈善基金能够唤起人们的共同体意识和亲情、乡情认同，重启了村（居）社会关于公平正义、互助互济等朴素规则的再思考和运用，加强了以慈善为基础的社会联结，丰富了村（居）的自组织资源，在为村（居）民提供具体服务的同时有效推进了乡风文明建设。慈善法新修订提出发展社区慈善事业、健全个人救助网络服务平台监管制度，表明互助慈善将被置于更加突出的位置。

三是以感性动员提升个人捐赠比重。长期以来，公众捐赠在我国慈善捐赠总额中占比较低，在基层乡镇更是如此。根据

---

① 双林当地爱心人士访谈。访谈地点：虹桥弄蔡宅。访谈日期：2023 年 6 月 18 日。

2020 年度《中国慈善捐赠报告》，我国个人慈善捐赠达到
524.15 亿元，占到捐赠总额 2253.13 亿元的 23.26%，然而，
这一比重在乡镇慈善筹款中并不成立，以双林镇为例，企业捐
赠占到筹款总额的 95%，个人捐赠不足 5%。课题调研中，慈
善会系统的募捐者也谈到基层公众募捐的困难："我们的老百
姓没有慈善捐款的概念。我们现在主要是企业，并且是规模以
上企业，我们分会的联络员也好，分管副会长也好，都跟这些
企业比较熟。我们也按照区慈善总会的统一要求，要积极发动
老百姓，也曾经去几个村里动员村民参与，但效果不是很好，
老百姓捐 5 块也是捐，捐 50 块也是捐，主要是一个形式。"

　　然而，值得注意的是，一些村（居）慈善基金运作比较成
功的地方，普通村民的捐赠意愿和捐赠积极性也同步得到提
升。不同于欧美等国的慈善事业，中国人通常喜欢在熟人社会
中表达自己的慈善之心，强调慈善对象和慈善义务的差别性，
在具体的社会关系中确定自己的慈善义务和帮扶责任。村
（居）慈善基金打造了让基层民众看得见的慈善平台，鲜活的
慈善故事和感性认知更能引起共鸣，感性动员而非理性动员在
提升基层民众的捐赠意愿时具有更显著的效果。课题调研中，
有受访村民表示："把钱捐给外边，最终给谁用了也不知道，
捐给自己村里的人，自己熟悉的人，至少解决了人家的困难，
为村里办了好事，大家都看得到。"

　　四是注重发掘乐善好施的传统文化。中国传统以亲友相

济、邻里互助为基础的慈善文化，崇尚推己及人、由近及远、由亲及疏，其核心是儒家仁爱精神。时至今日，乡镇基层慈善仍然蕴含着传统慈善文化的底色。只有尊重当地的文化传统，才能产生社会共鸣、达成社会共识，从而促进慈善事业成为大众广泛参与的社会事业。近年来，以各地乡贤文化馆、乡村文化礼堂、名人艺术馆的建设为标志的传统文化发掘热潮开始出现，在教化乡民、反哺桑梓、泽被乡里、凝聚人心方面发挥了重要作用，也为乡镇基层慈善事业的发展贡献着力量。

第三节　在传统与现代的对话中推进乡镇慈善

一、尊重慈善传统，激发慈善活力

中国慈善事业植根于中华优秀传统文化，伴随着中国特色社会主义制度的确立和当代中国经济社会环境的变迁，在对传统慈善的扬弃与现代慈善的融合中形成了独具特色的发展之路。

通常，我们认为，中国传统慈善与现代慈善理念之间存在张力，传统慈善以"福报""施舍"和差序格局为基础，组织化和专业化程度不高，体现出强烈的私人道德属性，需及时引入现代慈善理念、完成现代转型，方能将中国慈善事业推向新的发展阶段。开辟中国特色现代慈善事业的新篇章并不容易，一方面，以"个人主义""自由主义""国家—社会"二分法为基础的西方现代慈善理念与中国社会发展状态的契合度不高，在中国国情、历史文化与制度环境中，过于强调来自国际组织的价值观、发展模式、操作技术会导致"水土不服"。另一方面，我们既要看到传统慈善的理念与实践方面的局限性，也要注意到传统慈善所依托的社会文化基础对于深化我们对慈善的理解、建构今天中国慈善事业的具有重要意义。如果没有仁爱、宽容等美德，如果忽略了传统慈善所呈现出的个体性、日常性、体验性等特征，就无法真正把握慈善的本质。① 换言之，总是试图超越中国传统慈善留下的"遗产"，片面追求组织标准的普遍化、管理规则的正式化，服务方法的专业化，会让我国的慈善事业处于一种无所依附的"脱嵌"状态。

在交流频繁且相互借鉴的当下，探索支撑中国现代慈善事业的传统基础并不容易。事实上，这场传统与现代、东方与西方的"纠缠"，早在近代中国的慈善活动中已有所体现。1840年鸦片战争拉开了中国近代史的序幕，内忧外患，天灾人祸，社会矛盾日益激化；彼时，政局动荡，国力衰微，政府主导的慈善救济不断趋于弱化。面对前所未有的民生压力，以士绅与富商为代表的有识之士推动民间慈善力量快速发展，逐渐超越

---

① 韩俊魁. 本土传统慈善文化的价值与反思：以汕头存心善堂为例［J］. 文化纵横，2020（4）：108-115，143.

官办慈善成为近代中国慈善事业的主力。主流学术观点认为，中国慈善事业由传统向近代转型，起于晚清义赈，突出特征是慈善民间性，同时，受传教士在华善举影响，慈善事业的内容不断丰富，形成一种东西新旧交错并存的过渡格局①。近现代以来，中国慈善在外在形态、内在理念上发生了根本性变化，但并未完全摈弃传统，而是形成一种"扬弃"式的演进状态。在大批慈善家群体、新式慈善组织所倡导的"养济"型慈善展现出新的生命力的同时，传统慈善组织及慈善行为仍然占优势地位，特别是在市镇层面，强大的传统力量，让中国慈善的近代化呈现出一种既新又旧、既中又西的演化状态，并提供了民众认同的观念基础、实践基础和人力资本。因此，尊重慈善传统特别是尊重市镇慈善传统，应当可以说是激发乡镇慈善活力的题中之义。

二、进一步发掘市镇慈善的当代价值

在新时代背景下，推动乡镇基层慈善现代化不仅需要制度与技术的创新，也需要在传统与现代的对话中寻找历史智慧。作为传统与现代转型中的过渡性慈善形态，市镇慈善以其草根性、嵌入性和地方化管理为特色，同时展现了向现代化转型的雏形。深入挖掘市镇慈善的当代价值，对激发基层慈善活力、

---

① 周秋光. 聚焦中国慈善事业发展的历史长卷［N］. 光明日报，2022-11-14（14）.

促进乡镇慈善事业高质量发展具有重要意义。

市镇慈善的当代价值主要体现在以下三方面。

一是组织化与草根性的平衡。市镇慈善植根于地方社会，成功实现了慈善活动组织化与草根性的有机结合。在组织化层面，市镇慈善通过发展基层慈善组织、规范资金筹集与分配等方式，初步实现了管理的专业化与活动的透明化，提高了慈善活动的可持续性与公信力。在草根性层面，市镇慈善依托熟人社会与社区网络，激发了个体参与的热情。捐赠人与受益人之间的直接互动，不仅强化了慈善信任，还增强了慈善活动的可及性与认同感。

这种既重视专业化又重视社区参与的模式，启示我们在乡镇慈善现代化的过程中，应注重将专业化管理与基层社会参与相结合：一方面，应继续推动乡镇慈善事业的组织化发展，通过制度化建设和专业化管理，确保慈善资源的有效整合和精准服务。另一方面，应注重发挥草根网络的优势，通过社区动员和居民参与，增强慈善活动的温度与亲和力。例如，可以探索在乡镇建立由社区志愿者、乡贤代表与专业慈善人士共同参与的治理机制，通过社区内生动力与外部专业支持的融合，打造"组织化+草根性"的多层次慈善体系，为乡村治理注入柔性力量。

二是拓展慈善领域以回应多样化社会需求。市镇慈善起初以扶危济困为核心，然而，随着社会需求的多样化，其功能逐渐扩展至教育、文化等社会服务领域。例如，通过建立崇善堂、创办学校、设立图书馆等多样化的慈善实践，不仅直接改善了受助者的物质条件，更通过提升教育机会和文化资源提升了个人能力与素质。市镇慈善领域的拓展意味着慈善救济理念的变迁，教养并重型慈善理念不仅延续了传统慈善的核心价值，还彰显了解决深层次社会问题的潜力。

在乡镇慈善现代化进程中，可以借鉴市镇慈善多领域融合的发展经验，构建多元化的慈善服务体系以回应不同层次的社会需求。例如，围绕教育扶贫、医疗卫生、文化保护等重点领域设计综合性的慈善项目，提升慈善活动的整体效能，为促进乡村振兴提供坚实支撑。

三是强化慈善的文化传承与社会治理功能。市镇慈善不仅是物质资源的再分配，更是地方社会秩序维系与价值观传播的重要载体。在中国传统文化中，仁爱、德行和互助的观念深入人心，慈善通过具体的行动将抽象的伦理规范转换为生活实践，强化了地方社会的伦理规范和共同意识。这种共同体意识不仅表现为个体之间的相互信任和情感连接，还进一步塑造了社区成员的集体认同和行为规范，成为地方社会治理的重要文化基础。在此基础上，慈善所承载的文化传承与道德教化功能为地方社会治理赋能，助力基层社会秩序的良性运行与稳定发展。

在现代化进程中，乡镇慈善同样可以强化慈善活动的道德感召力与文化传播功能，进一步深化对地方社会治理的促进作用。一方面，可以将乡贤文化、家风建设等传统文化符号融入慈善活动，借助地方传统中的道德标杆与文化记忆，增强慈善活动的情感凝聚力和社会影响力。另一方面，通过制度化建设将传统慈善活动与现代公益理念相结合，构建兼具本土文化根基与现代化要求的治理体系，增强慈善的公信力和社会认可度，最终使乡镇慈善成为助力基层社会治理和乡村文化振兴的重要力量。

三、探索乡镇慈善现代化的新路径

从双林的慈善经验可以看出，乡镇慈善现代化在传承与创新之间寻求有效平衡。双林慈善事业的发展不仅延续了市镇慈善关注教育与文化的传统，还在"扶危济困"和"根源性解决社会问题"之间不断寻找契合点，推动了大慈善理念的逐步落地。在此过程中，双林慈善注重组织化建设，将慈善工作站的服务延伸至村社百姓的家门口，从而有效提升了慈善服务的可及性和精准性。同时，在地方政府的大力支持下，双林镇通过挖掘乡贤与侨贤资源，激发了代表性企业的积极参与，并培育了多元化的社会组织体系，体现了乡镇慈善与国家共同富裕战略的深度融合。这为乡镇慈善现代化提供了可借鉴的经验。

面向未来，乡镇慈善现代化的推进应统筹兼顾现代化特征与传统优势，既要保留乡镇慈善的地方特色，既强调对传统文化和慈善伦理的继承，又要充分拥抱现代化的管理模式和治理机制，推动慈善事业的组织化、专业化发展。具体而言，未来的乡镇慈善应在优化治理结构、提升资源整合能力、增强社会参与的多元性等方面加大力度。为此，需要在以下三个关键领域着力。

首先，明确慈善事业的性质，处理好政府与慈善的关系。现如今，我国多数慈善事业仍由政府主导，在政府转变职能向社会赋权的过程中，又会出现因赋权无序导致的"被社会化"陷阱，阻碍慈善事业的创新发展①，慈善领域的政社关系一直是学术界研究的重点领域。事实上，官办慈善从古至今长期占据主导地位，直至近代以降才逐渐让位于民间慈善。以历史观照现实，政府由于救济能力衰减而给民间慈善的迅速成长提供空间，但政府的单向退出并不能促进慈善事业的可持续健康发展。慈善事业的长足发展不仅需要更大的自主性和灵活性，更离不开政府的支持与监管，特别是要为慈善事业营造一个良好的政策环境，尽可能保证慈善款物流向的公开透明，提升慈善组织的公信力，形成慈善事业发展的合力。然而，政府在中国慈善现代化进程中的责任担当不再是传统社会里那种"全能者""主办者"地位，而是要与民间慈善合理分工，从决策

---

① 张圣，徐家良. 政府慈善赋权何以走向有序？——探寻渐进之道 [J]. 学习与实践，2021（3）：77-88.

者、参与者转变为支持者、监管者身份，特别是不应继续以行政发文的方式干预慈善捐赠。进一步发挥民间慈善的力量，放手让权，是推动乡镇慈善事业健康发展的有效途径。

其次，准确把握慈善事业的功能定位并促进其向"大慈善"转型。我国的传统慈善并不仅仅是基于差序格局和熟人互助的"小慈善"，也蕴含着儒家伦理"修身齐家治国平天下"的理想抱负。至近现代转型期，慈善事业以救亡图存为第一要务。伴随时代与环境要求的变化，中国当代慈善的理想目标再次发生转变，从救亡图存的民族需求转向致力于实现中华民族伟大复兴。[1] 慈善事业已成为我国基本经济制度、民生保障制度和社会治理制度的有机组成部分。挖掘中国传统慈善的内涵，充分发挥慈善在扶危济困、改良社会、参与治理的功能，仍具有重要的启示意义。事实上，在乡镇基层慈善事业实践中，一些村（居）慈善基金已经开始探索村（居）养老机构、普惠性的二次医疗救助方案，改善村级基础设施建设等乡村公益事业，大大拓展了慈善活动的领域和范围。未来需要进一步明确基本公共服务中政府与慈善的权责边界、互动模式，促进"小慈善"向"大慈善"转型。

最后，消弭专业慈善与大众慈善的张力，提升乡镇慈善的包容性。慈善传统是乡镇慈善活动的源泉和动力，是人民群众

---

① 周秋光，李华文. 中国慈善的传统与现代转型［J］. 思想战线，2020，46（2）：61-74.

的心灵寄托和精神支柱，是基层社会的凝聚力和稳定力。尊重慈善传统，就是要继承和发扬中国人民的慈善精神，这不限于富人帮助穷人，也不限于专业慈善组织的慈善活动。慈善讲究的是个人自愿、流程透明，需要的是公众参与和全民慈善，普通百姓均可行善和做公益，有钱出钱，无钱出力。只要怀有慈心善意，爱人、爱物、爱社会，皆可认为是慈行善举。甚至，专业慈善组织的慈善活动只有与当地传统相结合，才能得到更好的发展。通过深入了解当地的慈善文化与传统，可以结合现代慈善理念与方法，创新慈善活动形式，提升慈善的吸引力和影响力。群众之间的相互帮助和互助精神为基层慈善活动提供了良好的氛围。依托当地慈善文化与慈善传统，乡镇慈善能够更好地满足当地居民的需求，获得更广泛的社会支持和参与度。

总而言之，乡镇慈善现代化的推进，是一场在传承传统与拥抱现代之间寻找平衡的实践探索。这一进程既要深入挖掘和传承乡镇慈善蕴含的伦理精神与文化积淀，又需在现代治理框架下推动慈善组织的制度化、专业化和社会化建设，真正实现传统与现代的深度耦合。传统慈善不仅是文化记忆的重要载体，也是凝聚乡村社区、培育社会资本的力量源泉；现代慈善则通过科学的管理方式和技术支持，为慈善事业注入新的活力和更强的社会影响力。

推进中国式慈善现代化，特别是在乡镇慈善领域，需要处理好传统与现代、继承与发展的关系，实现传统与现代的有机衔接。这一进程的成功，既是乡镇慈善事业焕发生机的关键，也为中国慈善事业的整体转型提供重要支撑。

参考文献

一、著作类

[1] 陈长文. 中国科举制度下的教育慈善事业研究 ［M］. 北京：人民出版社，2021.

[2] 陈国庆，于洋. 慈善与慈善文化研究 ［M］. 厦门：厦门大学出版社，2016.

[3] 陈颀. 公益经营者：基层政府的新角色与实践困境 ［M］. 北京：社会科学文献出版社，2019.

[4] 陈为雷，毕宪顺. 中外慈善事业比较研究 ［M］. 北京：中国政法大学出版社，2019.

[5] 陈夏晗. 现代慈善、社会工作与文化传统：厦门同心志业的田野研究 ［M］. 北京：中国社会出版社，2017.

[6] 陈学文. 明清时期杭嘉湖市镇史研究 ［M］. 北京：群言出版社，1993.

[7] 陈永昊，陶水木. 中国近代最大的丝商群体：湖州南浔的"四象八牛"[M]. 杭州：浙江人民出版社，2001.

[8] 池子华，郝如一. 红十字运动与慈善文化 [M]. 桂林：广西师范大学出版社，2010.

[9] 邓国胜. 公益慈善概论 [M]. 济南：山东人民出版社，2015.

[10] 邓拓. 中国救荒史 [M]. 北京：北京出版社，1998.

[11] 郭常英，岳鹏星. 中国近代慈善义演研究 [M]. 北京：社会科学文献出版社，2021.

[12] 何勇. 慈善创新与共同富裕 [M]. 北京：当代中国出版社，2024.

[13] 侯亚伟. 天津"卍"字会及其慈善事业研究 [M]. 北京：科学出版社，2021.

[14] 黄雁鸿. 同善堂与澳门华人社会 [M]. 北京：商务印书馆，2012.

[15] 黄永昌. 传统慈善组织与社会发展 [M]. 北京：光明日报出版社，2012.

[16] 李国林. 民国时期上海慈善组织 [M]. 上海：立信会计出版社，2018.

[17] 李湖江. 近代以来中国佛教慈善事业研究 [M]. 成都：巴蜀书社，2016.

[18] 李健，徐彩云，翟璐. 慈善文化建设的探索与实践

[M]．北京：中国社会出版社，2023.

[19] 李世柏，李云．海外乡亲慈善捐赠研究：以改革开放后的广州为例 [M]．北京：人民出版社，2020.

[20] 李学功．南浔现象：晚清民国江南市镇变迁研究 [M]．北京：中国社会科学出版社，2010.

[21] 梁其姿．施善与教化：明清时期的慈善组织 [M]．北京：北京师范大学出版社，2013.

[22] 梁漱溟．中国文化要义 [M]．上海：上海人民出版社，2011.

[23] 廖建军．回归初心：中国慈善公益的思考 [M]．北京：中国社会出版社，2017.

[24] 刘峰，吴金良．中华慈善大典 [M]．杭州：浙江工商大学出版社，2017.

[25] 吕洪业．中国古代慈善简史 [M]．北京：中国社会出版社，2014.

[26] [美] 韩德玲．行善的艺术：晚明中国的慈善事业 [M]．曹晔，译．南京：江苏人民出版社，2021.

[27] [美] 孔飞力．他者中的华人 [M]．李明欢，译．南京：江苏人民出版社，2016.

[28] 苗青．迎接第三次分配大时代：大变局中的公益慈善 [M]．杭州：浙江大学出版社，2022.

[29] 秦晖．政府与企业以外的现代化：中西公益事业史

比较研究［M］.杭州：浙江大学出版社，1999.

［30］（清）吴玉树.东林山志［M］.北京：中国文化出版社，2021.

［31］［日］夫马进.中国善会善堂史研究［M］.伍跃，杨文信，张学锋，译.北京：商务印书馆，2005.

［32］阮清华.慈航难普度：慈善与近代上海都市社会［M］.上海：复旦大学出版社，2020.

［33］施敏锋.湖州慈善史［M］.杭州：浙江古籍出版社，2012.

［34］石国亮.慈善教育论纲［M］.北京：中央编译出版社，2020.

［35］双林镇志编纂委员会.双林镇志（上、下）［M］.北京：方志出版社，2015.

［36］孙善根.民国时期宁波慈善事业研究：1912—1936［M］.北京：人民出版社，2008.

［37］陶水木.浙江商帮与上海经济近代化研究：1840—1936［M］.上海：上海三联书店，2000.

［38］王春霞，刘惠新.近代浙商与慈善公益事业研究［M］.北京：中国社会科学出版社，2009.

［39］王卫平，黄鸿山，曾桂林.中国慈善史纲［M］.北京：中国劳动社会保障出版社，2011.

［40］王卫平，黄鸿山.中国古代传统社会保障与慈善事

业：以明清时期为重点的考察［M］.北京：群言出版社，2005.

［41］王卫平.清代江南地区慈善事业系谱研究［M］.北京：中国社会科学出版社，2017.

［42］徐永光.公益向右，商业向左：社会企业与社会影响力投资［M］.北京：中信出版集团，2017.

［43］阎广芬.经商与办学：近代商人教育活动研究［M］.石家庄：河北教育出版社，2002.

［44］杨建华.浙江慈善事业发展报告（2019）［M］.北京：社会科学文献出版社，2019.

［45］杨团，葛道顺.中国慈善发展报告（2009）［M］.北京：社会科学文献出版社，2009.

［46］杨团，朱健刚.中国慈善事业发展报告2022［M］.北京：社会科学文献出版社，2022.

［47］游子安.善与人同：明清以来的慈善与教化［M］.北京：中华书局，2005.

［48］袁灿兴.无锡华氏义庄：中国传统慈善事业的个案研究［M］.合肥：合肥工业大学出版社，2017.

［49］袁熹，杨原.近代北京慈善与公益事业［M］.北京：中国社会科学出版社，2019.

［50］张謇研究中心，南通市图书馆.张謇全集：第四卷［M］.南京：江苏古籍出版社，1994.

[51] 张佩国. 明清以来的地方善举与国家转型学术研讨会论文集 [M]. 济南：山东画报出版社，2021.

[52] 张仲礼. 中国绅士研究 [M]. 上海：上海人民出版社，2019.

[53] 赵倩. 中国慈善组织的历史发展与制度建设 [M]. 北京：中国农业出版社，2023.

[54] 周俊，王法硕. 慈善文化与伦理 [M]. 北京：北京大学出版社，2021.

[55] 周秋光. 熊希龄传 [M]. 天津：百花文艺出版社，2006.

[56] 周秋光，曾桂林，向常水，等. 中国近代慈善事业研究 [M]. 天津：天津古籍出版社，2013.

[57] 周秋光，曾桂林. 中国慈善简史 [M]. 北京：人民出版社，2006.

[58] 周中之. 慈善伦理：文化血脉与价值导向 [M]. 上海：上海三联书店，2021.

[59] 朱浒. 洋务与赈务：盛宣怀的晚清四十年 [M]. 北京：中国人民大学出版社，2021.

[60] 朱健刚，武洹宇. 华人慈善：历史与文化 [M]. 北京：中国社会科学出版社，2020.

[61] 朱友渔. 中国慈善事业的精神：一项关于互助的研究 [M]. 北京：商务印书馆，2016.

［62］卓高生．当代中国公益精神及培育研究［M］．北京：社会科学文献出版社，2018.

二、期刊论文类

［1］陈东利，邵龙宝．当下中国慈善文化困境与原因探析［J］．兰州学刊，2011（11）.

［2］陈继红，辛晓红．从"亲亲"之爱到路人之爱：儒家"亲亲"思想与现代慈善伦理通约的可能性进路［J］．江海学刊，2012（3）.

［3］陈梦苗．"公益"与"慈善"辨析：一个文献评述［J］．中国非营利评论，2020，25（1）.

［4］程坤鹏，徐家良．从行政吸纳到策略性合作：新时代政府与社会组织关系的互动逻辑［J］．治理研究，2018，34（6）.

［5］崔月琴，孙艺凌．转型期宗教慈善发展的困境及路径选择［J］．思想战线，2014，40（6）.

［6］范国荣．双林公共图书馆的创立及其启示［J］．图书馆研究与工作，2015（1）.

［7］葛忠明，张茜．慈善事业的定位、社会基础及其未来走向［J］．山东大学学报（哲学社会科学版），2022（2）.

［8］龚万达，刘祖云．当代中国宗教慈善事业发展：历史与现实的审视［J］．甘肃社会科学，2013（5）.

［9］韩俊魁.本土传统慈善文化的价值与反思：以汕头存心善堂为例［J］.文化纵横，2020（8）.

［10］韩俊魁.台湾的宗教格局与宗教慈善：基于多重契约理论框架的解释［J］.中国非营利评论，2017，19（1）.

［11］韩俊魁.中国慈善文化自觉［J］.文化纵横，2021（6）.

［12］贺更粹.论儒家慈善观的理路［J］.社会保障评论，2020，4（3）.

［13］黄家瑶.中西方慈善文化的渊源比较及启示［J］.学术界，2008（3）.

［14］贾乐芳.我国慈善文化的当代反思［J］.青海社会科学，2011（1）.

［15］靳环宇.中国民间慈善组织的历史嬗变［J］.中州学刊，2006（2）.

［16］康晓光.古典儒家慈善文化体系概说［J］.社会保障评论，2018，2（4）.

［17］康晓光，韩恒.分类控制：当前中国大陆国家与社会关系研究［J］.社会学研究，2005（6）.

［18］李彬彬.俭德储蓄会及其在近代上海公共文化领域的影响［J］.安徽史学，2020（6）.

［19］李放，马洪旭，沈苏燕.制度嵌入、组织化与农村社区慈善的价值共创：基于山东省 W 村的田野调查［J］.农业

经济问题（月刊），2023（8）.

[20] 李健，成鸿庚，贾孟媛．间断均衡视角下的政社关系变迁：基于1950—2017年我国社会组织政策考察 [J]．中国行政管理，2018（12）.

[21] 李荣荣，张劼颖．势：一种理解现代公益的本土视角——从公益情势中民间行善的重塑说起 [J]．社会学评论，2021，9（4）.

[22] 李喜霞．变革与进步：试论中国近代的慈善教养事业 [J]．中国社会经济史研究，2015（3）.

[23] 李仲眉．最早以"公共"冠名的乡镇图书馆：湖州双林公共图书馆考述 [J]．图书馆研究与工作，2007（4）.

[24] 蒙长江．中国传统慈善文化的历史沿革及现实挑战 [J]．西南民族大学学报（人文社会科学版），2005（1）.

[25] 彭柏林，陈东利．中国特色社会主义慈善治理的经验与展望 [J]．伦理学研究，2021（2）.

[26] ［日］夫马进．中国善会善堂史：从"善举"到"慈善事业"的发展 [J]．胡宝华，译．中国社会历史评论，2006（0）.

[27] 石国亮．慈善文化进社区：意义、挑战与路线图 [J]．社会科学研究，2015（5）.

[28] 宋炯．两宋居养制度的发展：宋代官办慈善事业初探 [J]．中国史研究，2000（4）.

［29］汤仙月．论我国转型期慈善文化的构建：以中西慈善文化比较的视角［J］．南方论刊，2010（6）．

［30］王卫平，黄鸿山．清代慈善组织中的国家与社会：以苏州育婴堂、普济堂、广仁堂和丰备义仓为中心［J］．社会学研究，2007（4）．

［31］王卫平，黄鸿山．清代江南地区的乡村社会救济：以市镇为中心的考察［J］．中国农史，2003（4）．

［32］王卫平．明清时期江南地区的民间慈善事业［J］．社会学研究，1998（1）．

［33］王卫平．清代江南市镇慈善事业［J］．史林，1999（1）．

［34］王卫平．唐宋时期慈善事业概说［J］．史学月刊，2000（3）．

［35］王文涛．"慈善"语源考［J］．中国人民大学学报，2014，28（1）．

［36］吴佩林，孙雪玲．近三十年来的清代育婴慈善事业研究：以育婴堂为中心［J］．西华师范大学学报（哲学社会科学版），2013（3）．

［37］吴限红，杨克，李芹．宗教慈善与社会工作：历史、流变与关系互嵌［J］．华东理工大学学报（社会科学版），2019，34（2）．

［38］武洹宇．公益网络与国家转型：对晚清慈善家潘达

微的历史社会学研究［J］.学术研究，2020（1）.

［39］武洹宇.中国近代"公益"的观念生成：概念谱系与结构过程［J］.社会，2018，38（6）.

［40］武洹宇，朱健刚.中西互构下近代慈善事业的转型：以"丁龙（Dean Lung）汉学讲席"捐赠为例［J］.社会发展研究，2022，9（1）.

［41］夏明方.清季："丁戊奇荒"的赈济及善后问题初探［J］.近代史研究，1993（2）.

［42］肖国飞，任春晓.论慈善文化的道德意蕴［J］.中州学刊，2007（1）.

［43］肖国飞，任春晓.浙江慈善事业发展的社会推力研究［J］.国家行政学院学报，2009（1）.

［44］刑宇宙，辛奕，俞博文.传统慈善与现代公益有机融合的社区助老实践与探索：基于M机构的案例研究［J］.社会福利（理论版），2022（10）.

［45］徐道稳.改革开放以来中国慈善事业的转型发展：以国家发展战略为分析视角［J］.社会科学，2021（1）.

［46］徐凯强，赵雪娇，李娜.历史视角下的"差序格局"：重审等级制与自我主义的合理性［J］.社会科学前沿，2021（5）.

［47］徐顺泉.略论近代浔商慈善事业与慈善思想的特征［J］.湖州职业技术学院学报，2009，7（2）.

［48］杨凡舒.中国慈善文化类型分析与历史"转型"回应：《华人慈善：历史与文化》述评［J］.中国非营利评论，2020，26（2）.

［49］杨方方.慈善文化与中美慈善事业之比较［J］.山东社会科学，2009（1）.

［50］杨义凤.富人慈善动机研究的现状与发展趋势：西方文献述评及对中国的意义［J］.学习与实践，2012（12）.

［51］杨正军.潮汕民间善堂组织的传统功能及现代变迁［J］.汕头大学学报（人文社会科学版），2017，33（10）.

［52］曾桂林.从"慈善"到"公益"：近代中国公益观念的变迁［J］.文化纵横，2018（1）.

［53］张佩国.传统中国福利实践的社会逻辑：基于明清社会研究的解释［J］.社会学研究，2017，32（2）.

［54］张佩国.地方善举的贡赋化：清代嘉定县的善堂经营［J］.浙江社会科学，2019（7）.

［55］张圣，徐家良.政府慈善赋权何以走向有序？——探寻渐进之道［J］.学习与实践，2021（3）.

［56］张志云.唐代悲田养病坊初探［J］.青海社会科学，2005（2）.

［57］赵春雷.慈善组织内部正式与非正式制度间的张力及其消弭［J］.学海，2022（2）.

［58］赵海林.宋代慈善组织的组织运作［J］.电子科技

大学学报（社科版），2012，14（6）.

[59] 赵晓芳 . 慈善文化的变迁：从社会控制到社会责任 [J]. 兰州学刊，2013（5）.

[60] 郑功成 . 促进我国慈善事业高质量发展的三个着力点 [J]. 中国民政，2022（17）.

[61] 郑功成 . 现代慈善事业及其在中国的发展 [J]. 学海，2005（2）.

[62] 郑功成 . 中国慈善事业的发展与需要努力的方向：背景、意识、法制、机制 [J]. 学海，2007（3）.

[63] 郑功成 . 中国慈善事业发展：成效、问题与制度完善 [J]. 中共中央党校（国家行政学院）学报，2020，24（6）.

[64] 郑卫荣 . 江南市镇商人群体与地方社会治理：以 20 世纪前期的南浔镇为中心 [J]. 福建论坛（人文社会科学版），2022（1）.

[65] 郑筱筠 . "另类的尴尬"与"玻璃口袋"：当代宗教慈善公益的"中国式困境" [J]. 世界宗教文化，2012（1）.

[66] 周秋光，陈国连 . 中国慈善史研究的学术检视与思考 [J]. 安徽史学，2022（2）.

[67] 周秋光，黄召凤 . 晚清地方公益事业的兴起与助推国家近代化转型探析 [J]. 西北大学学报（哲学社会科学版），2020，50（1）.

[68] 周秋光, 李华文. 达则兼济天下: 试论张謇慈善公益事业 [J]. 史学月刊, 2016 (11).

[69] 周秋光, 李华文. 中国慈善的传统与现代转型 [J]. 思想战线, 2020, 46 (2).

[70] 周秋光, 曾桂林. 慈善事业与近代中国的民族精神 [J]. 湖南师范大学社会科学学报, 2009, 38 (3).

[71] 周秋光. 中华慈善文化及其传承与创新 [J]. 史学月刊, 2020 (8).

[72] 周中之. 当代中国慈善事业的伦理追问 [J]. 马克思主义与现实, 2015 (6).

[73] 周忠华, 黄芳. 慈善文化的多层性与核心价值观的引领 [J]. 中州学刊, 2017 (10).

三、学位论文类

[1] 杜妍英. 我国慈善文化建设研究 [D]. 石家庄: 河北师范大学, 2015.

[2] 庞超飞. 近代南浔慈善事业研究 [D]. 杭州: 杭州师范大学, 2017.

[3] 李飞. 中国特色社会主义慈善文化研究 [D]. 太原: 山西大学, 2022.

[4] 李念庆. 经元善的慈善思想与实践 [D]. 长沙: 湖南师范大学, 2009.

［5］刘绥媛．中国传统慈善观与当代社会慈善事业的发展［D］．西宁：青海师范大学，2012．

［6］牛保秀．清代山西慈善事业与地方社会［D］．长春：东北师范大学，2023．

［7］王薇．中国传统慈善思想评析［D］．北京：北京师范大学，2008．

［8］王国庆．近代中国社会慈善家群体研究［D］．长沙：湖南师范大学，2002．

［9］吴海华．慈善事业发展的传统理念与当代实践［D］．哈尔滨：黑龙江大学，2012．

［10］张婷．中国传统慈善理念面临的现代困境及对策［D］．上海：上海大学，2014．

四、报纸类

［1］高曙英，吴丽燕．南浔：拓宽致富路 描绘乡村振兴新图景［N］．浙江日报，2021-08-12（15）．

［2］郝红暖．慈善理念的近代转型［N］．光明日报，2015-10-26（16）．

［3］李翠．古代养济院及其演变［N］．光明日报，2013-08-19（15）．

［4］双林蔡宅：百年风华归来，浔贤心系故土［N］．新民晚报，2023-03-22（4）．

［5］王卫平．救济与劝善："慈善"本义的历史考察［N］．光明日报，2019-05-06（14）．

［6］王先明，国若家．近代慈善事业研究的拓展与深化：《中国近代慈善事业研究》简评［N］．光明日报，2015-02-25（14）．

［7］叶沈良．慈善组织发展路径探索［N］．公益时报，2021-12-07（15）．

［8］周秋光．聚焦中国慈善事业发展的历史长卷［N］．光明日报，2022-11-14（14）．

［9］周秋光．内涵与外延：慈善概念再思考——兼与王卫平先生商榷［N］．光明日报，2019-12-16（14）．

附录：2020—2023双林镇"慈善捐赠榜"名单（表彰）

（一）2023年"慈善贡献奖"表彰第一批（4家）

浙江省蔡崇信公益基金会

久立集团股份有限公司（50万）

永兴特种材料科技股份有限公司

久盛电气股份有限公司

（二）2023年"慈善贡献奖"表彰第二批（5家）

谱拉歌世服饰有限公司（25万+50万衣服）

湖州长辉金属表面处理技术有限公司（50万）

湖州盛利染整有限公司（50万）

浙江湖磨抛光磨具制造有限公司（30万）

湖州刚强混凝土有限公司（30万）

（三）2023 年"慈善贡献奖"表彰第三批（6 家）

湖州菁诚纺织品有限公司（25 万）

湖州求精汽车链传动有限公司（25 万）

浙江湖州新京福纺织染整有限公司（25 万）

浙江湖州新京昌电子有限公司（25 万）

湖州锐狮标准件制造有限公司（25 万）

湖州新仲湖针织制衣有限公司（25 万）

（四）2021 年双林镇"慈善杰出贡献奖"获奖名单（1 家）

浙江蔡崇信公益基金会

（五）2021 年双林镇"慈善突出贡献奖"获奖名单（5 家）

久立集团股份有限公司

浙江湖磨抛光磨具制造有限公司

谱拉歌世服饰有限公司

湖州菁诚纺织品有限公司

湖州刚强混凝土有限公司

（六）2021 年双林镇"慈善贡献奖"获奖名单（7 家）

浙江湖州新京福纺织染整有限公司

湖州刚强水泥有限公司

浙江湖州新京昌电子有限公司

湖州新仲湖针织制衣有限公司

湖州求精汽车链传动有限公司

湖州长辉金属表面处理技术有限公司

湖州盛利染整有限公司

（七）2020 年双林镇"慈善杰出贡献奖"获奖名单（1 家）

久立集团股份有限公司

（八）2020 年双林镇"慈善突出贡献奖"获奖名单（7 家）

谱拉歌世服饰有限公司

湖州刚强混凝土有限公司

浙江湖磨抛光磨具制造有限公司

湖州新仲湖针织制衣有限公司

湖州菁诚纺织品有限公司

浙江湖州新京昌电子有限公司

湖州求精汽车链传动有限公司

（九）2020 年双林镇"慈善贡献奖"获奖名单（5 家）

先登高科电气股份有限公司南浔分公司

湖州长辉金属表面处理技术有限公司

浙江湖州新京福纺织染整有限公司

浙江丽象木业有限公司

浙江众立不锈钢管股份有限公司